W0241125

Die Neue Wache

Einzelveröffentlichung des Landesarchivs Berlin

Laurenz Demps

Die Neue Wache

Vom königlichen Wachhaus zur Zentralen Gedenkstätte

vbb verlag für berlin-brandenburg

1. Auflage 2011
© Verlag für Berlin-Brandenburg
Inh. André Förster
Binzstraße 19, D-13189 Berlin
www.verlagberlinbrandenburg.de

Lektorat: Dr. Alexander Knaak, Berlin
Gestaltung und Satz: Pina Lewandowsky, Berlin
Covergestaltung unter Verwendung des Gemäldes von Wilhelm Brücke *Eine Ansicht vom Zeughaus mit der Neuen Wache und einem Teil des Schlosses zu Berlin*, Öl auf Leinwand, 1828 (oben) und eines Fotos, das die Einweihung der Neuen Wache als Gedächtnisstätte am 2. Juni 1931 zeigt (unten),
© Landesarchiv Berlin.

Druck: druckhaus köthen, Köthen
Printed in Germany

ISBN 978-3-86650-086-0

Inhalt

Der Platz vor dem Zeughaus

Kapitel 1

Auf den ersten Blick mutet der Standort der Neuen Wache, eines Gebäudes, das – wie sein Name verrät – einst Wachzwecken diente, inmitten der beliebtesten Straße des Berliner Zentrums, Unter den Linden, befremdlich an. Es stellen sich grundsätzliche Fragen: Wer oder was sollte hier einst bewacht werden? Wer wurde vor wem geschützt? Fragen, die allein aus der Gegenwart heraus keine Antwort erhalten. Hier kann nur ein Blick in die Vergangenheit helfen. Es stellen sich aber auch scheinbar banale Fragen: Warum beginnt der Baumbestand der Straße Unter den Linden erst auf der Höhe der Universitätsstraße, obwohl die Straße selbst an der Schlossbrücke beginnt?

Auf dem ältesten überlieferten Plan der Stadt Berlin aus der Zeit um 1650 liegt das Gelände, auf dem sich die heutige Neue Wache erhebt, außerhalb der bebauten Stadtfläche. Diese endete bis Mitte des 17. Jahrhunderts an der heute nun wieder ihren historischen Namen tragenden Schlossbrücke (zu DDR-Zeiten Marx-Engels-Brücke). Sie hieß damals Hundebrücke, da sich an ihr die Hundemeute sammelte und die Jagdgesellschaften des Hofes von hier aus in den Tiergarten zur Jagd ritten. Über die Hundebrücke lief seit dem 17. Jahrhundert der Verkehr vom kurfürstlichen Schloss Richtung Westen. Das Schloss selbst lag am nördlichen Rand der mittelalterlichen Stadt Cölln, etwa dort, wo sich bis 2008 der »Palast der Republik« erhob und wo eines Tages das »Humboldt-Forum« mit der Fassade des ehemaligen Schlosses stehen soll.

Die mittelalterliche Kommune Cölln auf einer Insel links und die Schwesterstadt Berlin rechts der Spree waren zunächst zwei selbständige, aber durch zahlreiche Bande eng miteinander verknüpfte Städte, die gemeinsam den wichtigen Übergang über die Spree an der Mühlendammbrücke sicherten. Sie

(linke Seite)
Carl Georg Enslen, Panoramische Ansicht von Berlin, vom Zeughaus aus gesehen, Farblithografie, um 1837 (Ausschnitt); rechts die Neue Wache und das Palais des Prinzen Heinrich (heute Humboldt-Universität), links das Opernhaus und das Alte Palais mit der Bibliothek („Kommode").

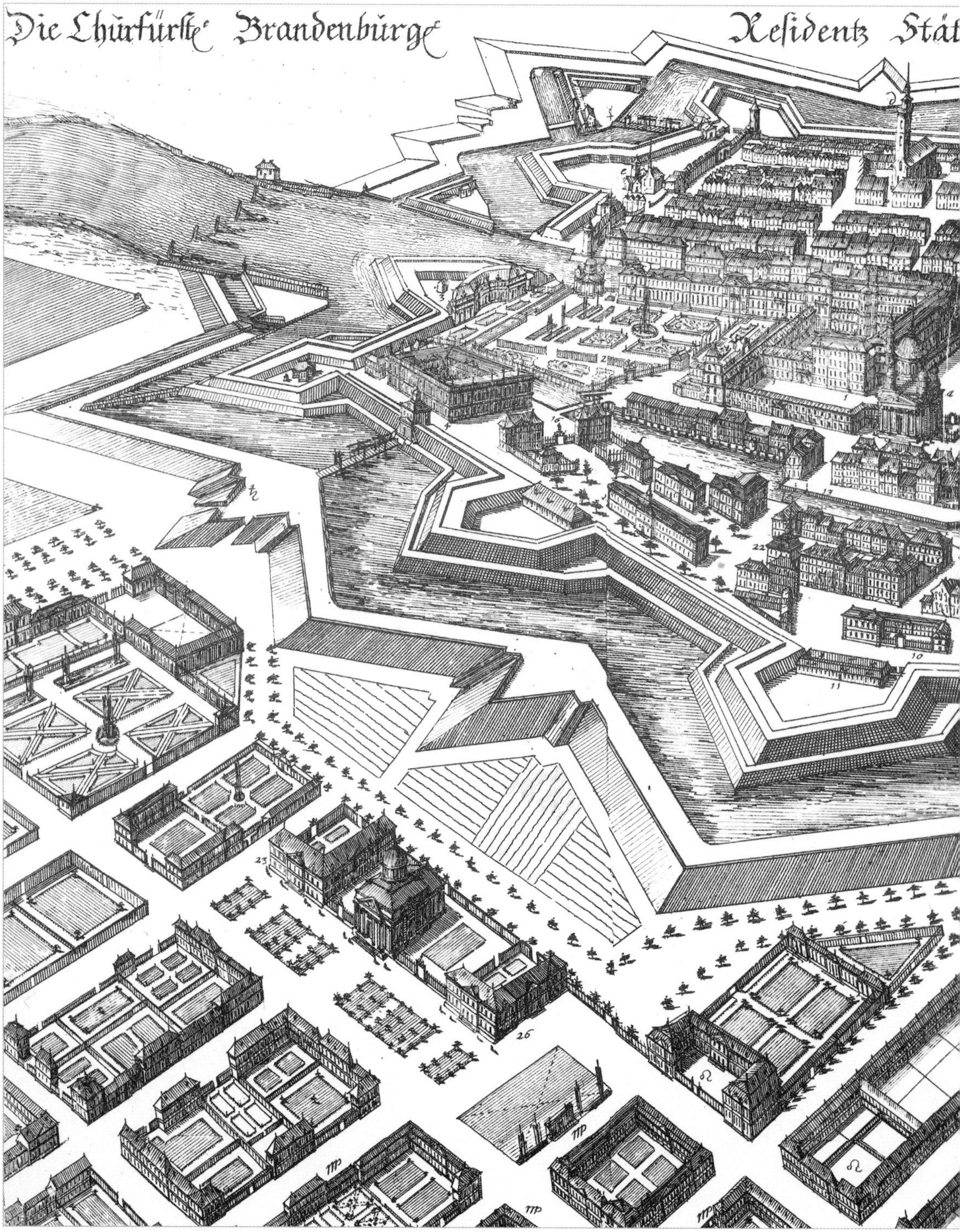

Die Chürfürste Brandenbürge
Residentz Stät

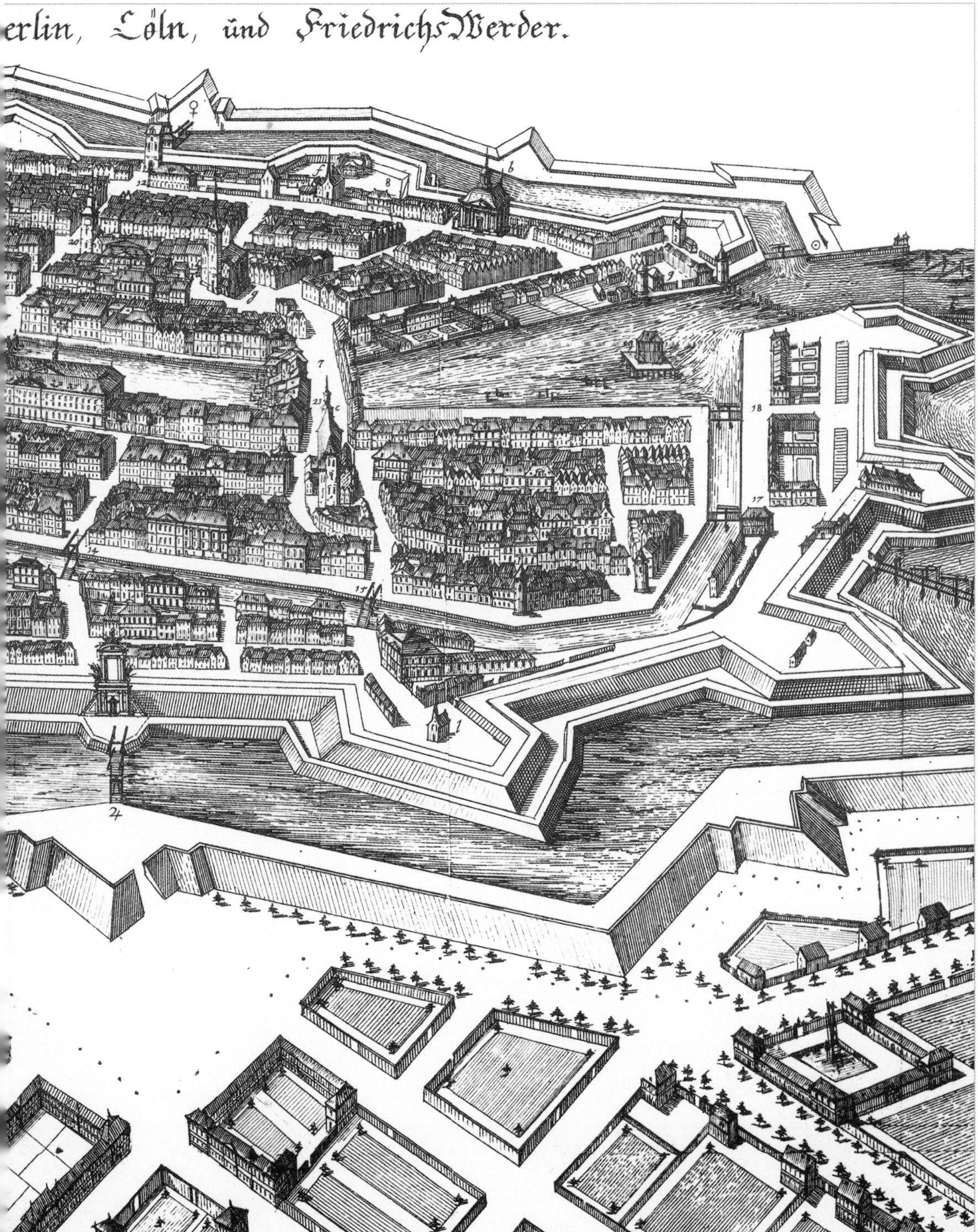

Ausschnitt aus dem Plan „Die Churfürstl. Brandenburg. Residentz Stätt Berlin, Cöln und Friedrichswerder“, o. J. (1708). Links oben das Zeughaus, dahinter der Spreearm und der Lustgarten. Angeschnitten das Schloss. Erkennbar die Schlossfreiheit und die Hundebrücke. Es folgt nach rechts das Haus des Festungsbaumeisters Memhard, dann die Festungsanlage mit dem neuen Tor.

entwickelten sich zu relativ wohlhabenden Handelsstädten und trafen zum Zwecke verbesserter Handelsmöglichkeiten und der Koordinierung der Verteidigung beider Gemeinden 1307 eine Vereinbarung über das gemeinsame Auftreten nach außen. 1415 wurden die Burggrafen von Nürnberg aus dem Hause Hohenzollern Kurfürsten in der Mark Brandenburg, nachdem sie bereits 1411 als Markgrafen Landesherren geworden waren. 1442 unterbrach Kurfürst Friedrich II. die selbstständige Entwicklung der beiden Städte, trennte sie und eignete sich eine Vielzahl von Privilegien und Besitztümern an, über die bisher die Bürger dieser Städte verfügten. Am nördlichen Rand der von Seitenarmen der Spree umflossenen Inselstadt Cölln ließ er eine Burg errichten, aus der schließlich das Berliner Schloss entstand. Diese Randlage der Burg galt lange Zeit als nicht störend; man empfand sie sogar als recht angenehm, da der Hof dort nicht vom »querulierenden Stadtvolk« gestört wurde.

Das Schloss war auf drei Seiten durch die mittelalterlichen Verteidigungsanlagen der beiden Städte und die davor verlaufenden Spreearme geschützt, nur nach Westen gab es eine offene Flanke. Deshalb wurde an dieser Seite des Schlosses ein Kanonenturm errichtet, aus dem später die »Wasserkunst« hervorging, ein Pumpwerk, welches das Schloss mit dem nötigen Wasser versorgte.

Mit den im 17. Jahrhundert entstandenen absolutistischen Vorstellungen von der herausgehobenen Position der Landesherren kollidierte die Randstellung des Berliner Schlosses. Ein Schloss musste nach diesen barocken Architekturvorstellungen im Zentrum einer Residenzstadt stehen, um durch seine Lage den Mittelpunkt der Macht und den Rang des Herrschers zu demonstrieren. Jede Erweiterung der Stadtfläche Berlins hatte daher ausgewogen zu erfolgen, um bei der Ausdehnung des Territoriums sukzessive die Lage des kurfürstlichen Schlosses innerhalb des Stadtgebietes zu verändern, sprich, das Schloss zum Mittelpunkt der erweiterten Stadtgeographie zu machen.

Eine erste Möglichkeit, das Berliner Residenzschloss besser im Stadtgebiet zu positionieren, bot der Bau der Befestigungsanlagen, die die beiden Städte Berlin und Cölln sowie die Residenz des Kurfürsten in einen Ring von Bastionen und Ravelins (Wallschildern) einschlossen. Die Stadtfläche wurde damit nach Westen erweitert, was die Unterbringung der Hofbediensteten, der kurfürstlichen Beamten sowie der Knechte des immer größer werdenden Hofstaates dort ermöglichte.

Das neue, einem schmalen Streifen gleichende Stadtgebiet – Friedrichswerder genannt – erhielt 1658 den Status einer eigenständigen Stadt samt Stadtrecht.

„Plan von der Königl. Residentz Berlin“, gezeichnet von Dusableau, gestochen von G. P. Busch, 1723. Unterhalb des Schlosses (A) verbindet die Hunde- bzw. Schlossbrücke Cölln mit der vorgelagerten Stadt Friedrichswerder und dem dortigen Zeughaus (C), westlich davon Unter den Linden, darunter die mit (G) bezeichnete Dorotheenstadt, darüber die mit (F) bezeichnete Friedrichstadt. Am Gendarmenmarkt sind schon die einige Jahre zuvor errichteten beiden „Dome“ (M und N) zu erkennen.

Die Stadt Friedrichswerder schloss sich an ihrem östlichen Rand eng an den gekrümmten Verlauf des westlichen Spreearmes an. Die Hundebrücke verband ihren nördlichen Teil mit dem Schlossgelände. Von dieser Brücke aus begann nach Westen ein Reitweg Richtung Tiergarten. Der Teil des Reitwegs, der nun innerhalb der Festung lag, wurde abgesteckt und zur Bebauung mit Häusern freigegeben. Dieses Straßenstück zeichnet sich noch heute im Verlauf der Straße Unter den Linden ab, die hier an ihrem östlichen Ende bis vor kurzem schmaler war als im später angelegten westlichen Teil. Das ist mit geübtem Auge anhand des dann folgenden breiten Bürgersteigs noch heute erkennbar.

Der Bau dieser Festungsanlagen rund um Berlin und Cölln entsprang den leidvollen Erfahrungen des Dreißigjährigen Krieges. Die Lage Brandenburgs mitten im Kriegsgebiet brachte es mit sich, dass die Heere der Schweden und des Kaisers durch das Land zogen, es ausplünderten, verwüsteten und die Bevölkerung mit Krankheiten ansteckten. Das Land war dem Wüten dieser Truppen hilflos ausgeliefert, denn die vorhandenen mittelalterlichen Verteidigungsanlagen konnten den modernen Waffen wie der Artillerie nicht widerstehen. Mit dem Bau der Festung Berlin zeichnet sich ein Grundzug erst brandenburgischer und dann preußischer Landespolitik ab, den Krieg durch Abschreckung möglicher Angreifer im Vorfeld nach Möglichkeit vom Lande fern zu halten. Diese vornehmlich defensive Politik fand zunächst im Festungsbau um die Residenz ihren Ausdruck.

Am Anfang dieser städtebaulichen Entwicklung im Friedrichswerder (innerhalb des neuen Festungsgürtels) steht also der Ausbau des Reitweges zum Jagdgebiet im Tiergarten, den der in Cleve weilende Kurfürst Friedrich Wilhelm am 16. April 1647 in Auftrag gab. In dem entsprechenden Brief hieß es: »Uns ist dasjenige so wegen unsers Lustgarten alß auch Pflanzung der Nuß- und Lindenbäume zur Anrichtung einer Gallerie von der Hundebrücke biß an den Thiergarten underthenigst berichten wollen, mit mehrem der Gebühr nach fürgetragen worden.«[1] Dieser Brief gilt als die Gründungsurkunde der Straße Unter den Linden und ihrer späteren westlichen Fortsetzungen. Mit dem Festungsbau wurde ihr Beginn auf die Höhe der heutigen Universitätsstraße verschoben. Damit war aber zugleich dieser Stadtraum vom übrigen Teil der Stadt abgegrenzt; eine Vorentscheidung, die durch nachfolgende Festlegungen der brandenburgisch-preußischen Kurfürsten und Könige weiterverfolgt wurde.

Als 1683 die Festungsanlagen weitgehend fertiggestellt waren, zogen sich Bastionen und Wassergräben um insgesamt drei Städte: Cölln, Berlin und Friedrichswerder. Wo die Straße, die zum Tiergarten führte, auf die äußeren Festungsanlagen Friedrichswerders zulief, trafen sich zwei Bastionen im inneren spitzen Winkel. Die Lage dieser Bastionen, ihre Distanz bis zum Schloss, war entsprechend der damaligen Reichweite der Kanonen, die etwa 600 Meter betrug, berechnet. Wer auch immer die Festung belagern wollte, konnte von hier aus das Zentrum der Macht artilleristisch nicht erreichen. Dabei ist zu bedenken, dass die eigenen Kanonen auf den Festungswällen ebenfalls über diese Reichweite verfügten und der Angreifer – theoretisch gedacht – somit seine Waffen, um nicht selbst erreicht zu werden, auf der Höhe der heutigen Friedrichstraße hätte aufstellen müssen.

Festungsanlagen dienen hauptsächlich der Verteidigung, nicht dem Angriff. Je größer eine Festung in der damaligen Zeit war, umso mehr Kräfte musste ein möglicher Gegner aufbringen, um eine derartige Anlage zu belagern. Eine große Festungsanlage wie die rund um Berlin hätte bei einer möglichen Belagerung ungeheure Kräfte des Gegners erfordert. Konnte dieser die Anlage nicht durch Überraschung oder im schnellen Angriff überwinden, hätten ihn innerhalb kürzester Zeit die Hygiene- und die Versorgungsprobleme derartiger Zusammenballungen großer Menschenmassen zum Rückzug gezwungen.

Gerade in den Anfangsjahren des 18. Jahrhunderts zeigte sich die Bedeutung der Festungsanlagen rund um Cölln, Berlin und Friedrichswerder. Im Westen Europas tobte der Spanische Erbfolgekrieg zwischen Habsburgern und Bourbonen um die spanische Krone, im Osten schickte König Karl XII. von Schweden im Großen Nordischen Krieg Truppen gegen den russischen Zaren Peter den Großen

Georg Friedrich Schmidt, Der Platz am Zeughaus, kolorierter Kupferstich, vor 1740. Im Bild rechts das Zeughaus, links das Kronprinzenpalais, im Bildhintergrund das „Neue“ bzw. „Dorotheenstädtische Tor“ (Bildmitte).

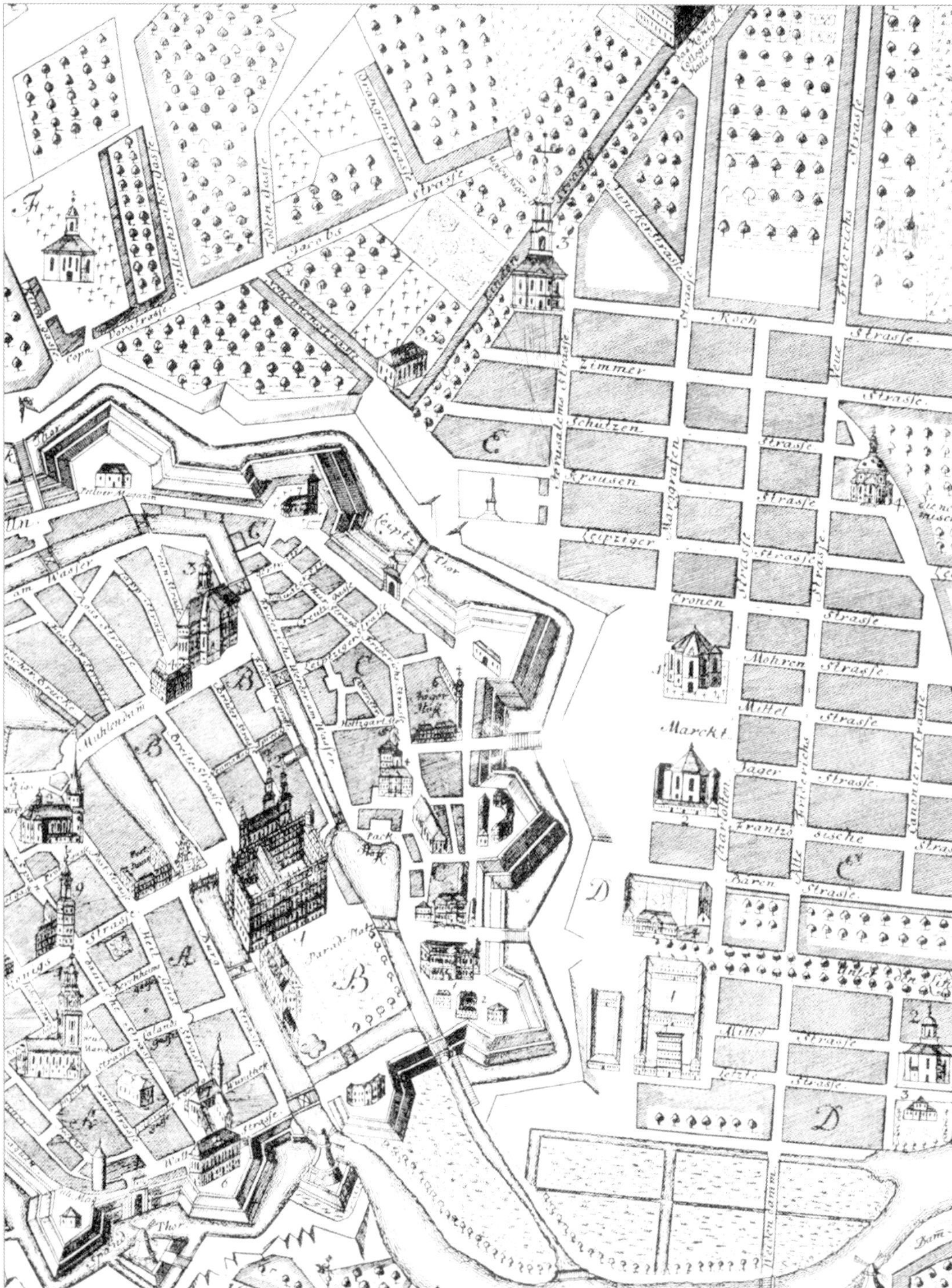

„Grund-Riss der Königl. Preuß. Residentz Berlin“, gezeichnet von J. F. Walther, gestochen von G. P. Busch, 1737. Zwischen Lustgarten (B) und dem darüber erkennbaren Schloss in seiner damaligen Form geht rechts die Hundebrücke ab, die Straße führt am Zeughaus vorbei zum Tor in den Wallanlagen, und geht bei (D) in die Straße Unter den Linden über.

und den sächsischen Kurfürsten August den Starken. Beide Konflikte betrafen auch den preußischen Staat, seine militärische Kraft reichte aber nicht, sich an den Konflikten aktiv zu beteiligen. Dennoch blieb das Kernland des preußischen Staatsgebiets – im Gegensatz zu früheren Konflikten – von feindlichen Truppen frei. Die Abschreckung durch die Festungen hatte funktioniert.

Um in der Verlängerung der Hundebrücke und der Straße zum Tiergarten einen Festungsausgang nach Westen anlegen zu können, verliefen an dieser Stelle auf einer kurzen Strecke die Festungsmauer und die Wassergräben in gerader Linie. Hier wurde nun ein entsprechender Durchlass errichtet. Dazu musste eine Brücke über die Wassergräben gebaut werden, die als Zugbrücke errichtet und zur Nachtzeit hochgezogen wurde. Zusätzlich wurde die durchbrochene Befestigungsanlage durch ein neu angelegtes Tor militärisch gesichert. Dieses Tor erhielt, entsprechend der Nähe zum dahinter liegenden Schloss, eine ansehnliche Gestalt. Das Torgebäude bestand aus einem gestreckten Baukörper mit aufgesetztem hohem Dach. In der Mitte markierte eine hölzerne Laterne die Durchfahrt. Links vom Tor, stadtauswärts gesehen, befand sich eine Unterkunft für Offiziere, auf der rechten Seite das Wachgebäude. Das Wachgebäude mit Arrestlokal, Mannschaftsunterkunft und Wachzimmer wurde, passend zur Architektur des Tores, aus Stein errichtet, in Form eines Blockhauses. Zusätzliche Sicherung bot der vor der Festungsmauer liegende Wassergraben, seine Verfüllung in späteren Jahren sollte ein Problem für die weiteren Planungsarbeiten der Architekten darstellen.

Das Tor, zunächst noch ohne Namen, war nicht das wichtigste der Stadtbefestigung. Das Leipziger Tor dagegen – in etwa im Verlauf der heutigen Leipziger Straße – beherrschte den Hauptausfallweg Richtung Südwesten, in Richtung der Handelsmetropole Leipzig. Viele Verkehrsadern der Städte Berlin-Cölln-Friedrichswerder orientierten sich darauf. Die prächtige Gestalt des Leipziger Tores galt als Sehenswürdigkeit und vermittelte dem Besucher einen Eindruck von Größe und Bedeutung des brandenburgisch-preußischen Staates.

Auf dem Gelände zwischen der Hundebrücke und dem neu angelegten Tor, topographisch zu Friedrichswerder gehörend, wurde ein größerer, abgeschlossener Platz angelegt, der im 18. Jahrhundert den Namen »Platz vor dem Zeughaus« erhielt. Diese später amtlich gewordene Bezeichnung trug der Platz bis 1936; also bis zu dem Zeitpunkt, da er mit dem einst westlich der Festung liegenden Opernplatz und der dann folgenden Straße Unter den Linden vereinigt wurde.

Mit dem Festungsbau begann auch die Bautätigkeit in Friedrichswerder. Auf der Südseite – heute Jägerstraße – entstanden Wirtschaftsgebäude für die Jagd und ein Hundezwinger, dazu das Haus des Oberjägermeisters. Die weitere Bebauung der südlichen Seite war jedoch durch sumpfiges Gelände und eine Ausbuchtung der Spree beeinträchtigt. Das Grundstück mit der heutigen Bezeichnung »Unter den Linden 1« trat am 26. Oktober 1653 erstmalig aktenmäßig in Erscheinung. Der Kurfürst schenkte das direkt an der Brücke gelegene Grundstück einem treuen Bediensteten. Die entscheidende Stelle des Erlasses lautete: »Daß Wir Unserm Ingenieur und Lieben Getreuen, Johann Georg Memharden, in Ansehung Seiner treu fleißigen Dienste, womit Er Uns nun ins vier Zehende Jahr aufwertig gewesen, auch ins künfftige noch weiter leisten wil, soll und kan, Zu einem sonderlicher Gnaden Praesent, Ihm, seinen Erben und Erbnehmern, geschencket und verehret haben, eine Bau-Stelle, auf Unserm Werder Zu Cölln an der Spree, Zur Lincken Hand, über die Hunde-Brücke, welche Bau=Stelle lang seyn soll Zwischen Ost und West einhundert und dreyßig Rheinländische Fuß; (…).«

Um Memhard auch wirklich zum Bauen zu motivieren, erhielt dieser eine weitere, in vergleichbaren Fällen ebenfalls vom Herrscher vergebene Vergünstigung, denn der Kurfürst wies an: »Auf welche Baustelle Wir ihm aus Unsern eigenen Mitteln, und Unsern Materialien bauen lasen wollen (…).« Auch die Form des Gebäudes wird genau angewiesen. Es sollte »ein Eckhaus, in Form eines Winkelhakens, lang Zwischen Ost und West vier und fünfzig, Breit Zwischen Süd und Nord zwei und fünfzig Rheinländische Fuß, Zwei Vertieffungen hoch, mit einem gemauerten und überwölbten Keller, die auswendigen Wände von gebrandten Mauer-Steinen, die inwendigen aber theils von Steinen, theils auch von Holtz und Lehmen, gleich hier Zu Lande gebräuchlich ist, samt einem dachsteinern Dach bedeckt, item allen Fenstern, Thüren, Söllern, Fluhren, Offen, und in Summa mit allem was in einem Hause erd=Winden nagelfest Zu seyn pfleget (…)«.[2] Besitzer dieses ansehnlichen Hauses und Empfänger der königlichen Vergünstigungen war der Architekt der Berliner Festungsanlagen, Johann Gregor Memhard.

Memhards Haus, tatsächlich an dieser Stelle errichtet, ist allerdings nicht erhalten. Denn knapp anderthalb Jahrhunderte später erbaute der Architekt Friedrich Wilhelm Konrad Titel 1794 an dessen Stelle das Dienstgebäude des Stadtkommandanten von Berlin. Trotz baulicher Veränderungen diente das »Kommandantenhaus« diesem Verwendungszweck bis zu seiner Zerstörung gegen Ende des Zweiten Weltkriegs. Auf dem Nachbargrundstück hatte seit 1665/66 das Haus des Kurfürstlichen Ge-

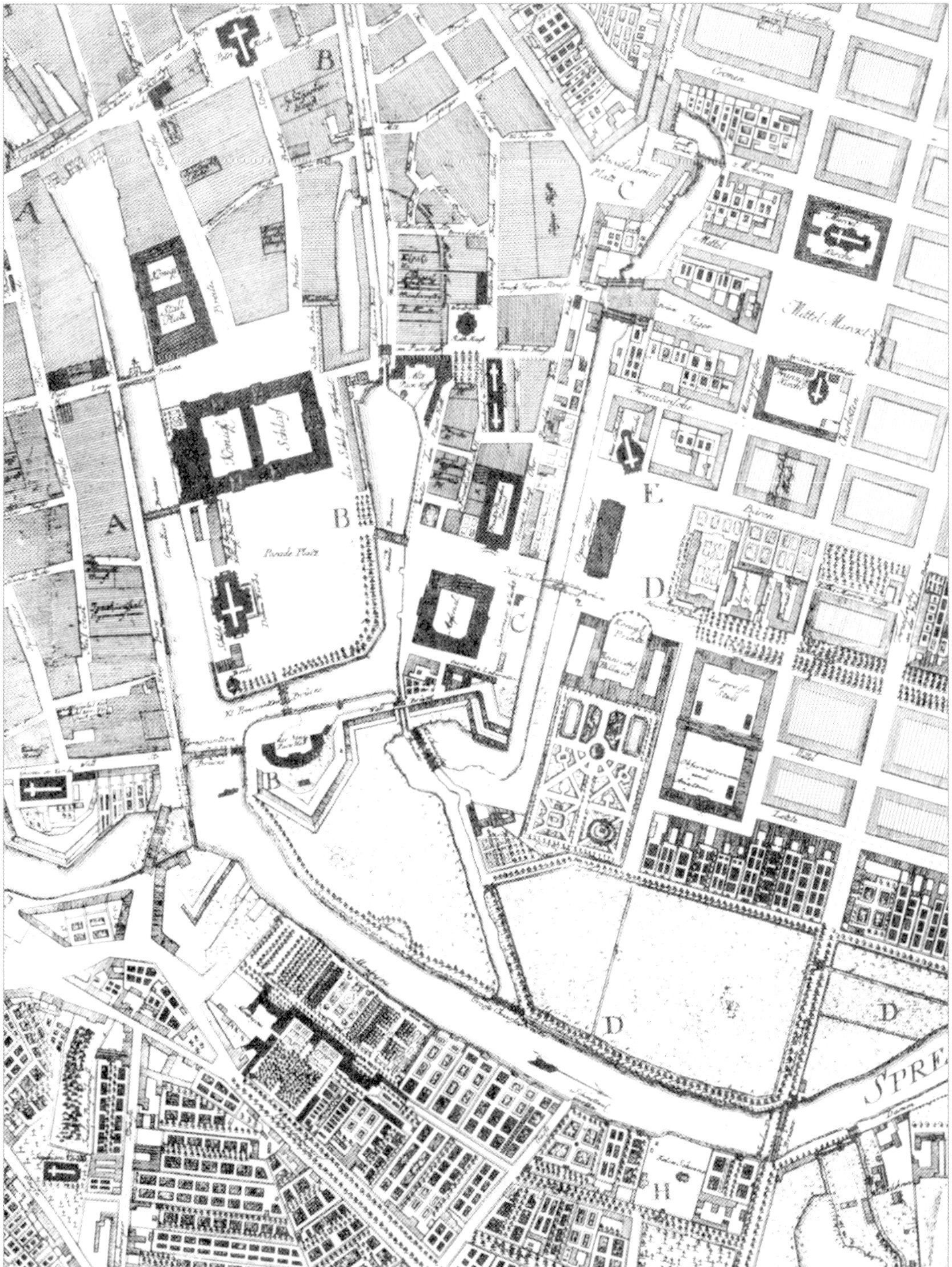

„Plan de Ville de Berlin“, gezeichnet von Hildner, gestochen unter der Leitung von G. F. Schmidt, 1748. Die Festungsanlagen zwischen Schloss (B), Zeughaus (C) und der Straße Unter den Linden sind schon weitgehend verschwunden, der Kernbau der Universität, das Palais des Prinzen Heinrich (D) bereits erbaut.

(rechte Seite)
Friedrich August Calau, Prospect des Königl. Zeughauses zu Berlin, kolorierter Kupferstich, 1795/1800. Zu sehen sind links die alte Kanonierwache mit dem daneben befindlichen Zeughaus und dem gegenüberliegenden Prinzessinnenpalais. Die Festungsanlagen sind an dieser Stelle schon entfernt, die Zugbrücke durch eine feste Steinbrücke ersetzt worden.

heimsekretärs Martitz gestanden. 1732 baute Architekt Philipp Gerlach das Gebäude für Kronprinz Friedrich, den späteren König Friedrich II., um. König Friedrich Wilhelm III. nutzte es ab 1798 als Wohnung, später diente es den jeweiligen Kronprinzen. Letztmalig wurde das Palais 1856/57 nach Plänen des Architekten Johann Heinrich Strack umgebaut. Ab 1919 Museum für Moderne Kunst (bis 1939), wurde es im Zweiten Weltkrieg zerstört, in den Jahren 1968/69 wiederhergestellt, und diente bis 1989 als Regierungsgästehaus der DDR. 1990 wurde hier der Einigungsvertrag zwischen der Bundesrepublik und der DDR unterzeichnet. Seitdem finden im Gebäude Wechselausstellungen statt.

Zusammen mit dem in den Achtzigerjahren des 17. Jahrhunderts auf der Nordseite errichteten Haus des Oberbaudirektors Johann Arnold Nehring, einem weiteren bedeutenden Berliner Architekten, entstanden an dieser prominenten Stelle des königlichen Reitwegs Häuser wichtiger Staatsdiener. Das Haus Nehrings wurde schon 1695 wieder abgebrochen, um hier das neue kurfürstliche »Zeughaus« (Waffenarsenal) zu errichten. 1695 fand die Grundsteinlegung für dieses großartige, bis heute erhaltene Gebäude statt. Nehring, der dafür sein Haus opfern musste, wurde mit der Ausführung betraut. Nach dessen Tod übernahm Martin Grünberg die Leitung, um sie 1698 an Andreas Schlüter abzutreten. Hinter dem Zeughaus lag das »Gießhaus«, 1688 erstmalig erwähnt. Es diente unter anderem der Herstellung von Artilleriewaffen. 1730 wurde an dieser Stelle unter Einbeziehung des bisherigen Bauhofes das neue Königliche Artillerie-, Wagen- und Materialienhaus errichtet, ein vierflügeliger Bau von einem Geschoß, in dessen Mitte ein großer Hof lag.

Der neu gebildete Stadtraum nahm, durch die Nähe zum Schloss bedingt, schon sehr früh eine herausragende Position innerhalb der Stadt ein, während die mittelalterlichen Straßen und Plätze im bisherigen Zentrum an Bedeutung verloren. Eine weitere bedeutende Veränderung trat in den Siebzigerjahren des 17. Jahrhunderts ein, als vor dem Tor die Dorotheenstadt als Privatstadt der Kurfürstin angelegt wurde. Die Toranlage in der Nähe der heutigen Neuen Wache erhielt damals den Namen Neustädter oder auch Dorotheenstädtisches Tor. Vorübergehend erhielt die neue Stadt einen eigenen, einfachen Wall und Graben. Doch entfiel damit nicht die Funktion der bisherigen Anlagen, denn Friedrichswerder und Dorotheenstadt wurden nicht in diese einbezogen. Solche Pläne waren zwar 1708 und 1710 erörtert und vorbereitet worden, unterblieben jedoch aus Finanznot.

Auf dem Gelände der neuen Vorstadt entstand zwischen 1687 und 1691 nach Plänen von Arnold Nehring das Marstallgebäude für den kurfürstlichen

Hof zwischen der heutigen Universitätsstraße und der Charlottenstraße. Nach der Aufstockung der zunächst einstöckigen Gebäude wurde Platz für die 1699 gegründete Akademie der Künste geschaffen und der Komplex weiter ausgebaut. Im Jahr 1700 zog die Akademie der Wissenschaften dann an diesen Ort.

Tor und Wache hatten neben ihrer militärischen Funktion als Sicherungsposten auch Aufgaben, die sich aus dem Charakter des brandenburgisch-preußischen Militärstaates erklären lassen. Besonders wichtig war die Kontrolle des Ein- und Ausgangs von Fremden, die das Militär vornahm. Weiterhin wurde an den Toren der Stadt die »Akzise« erhoben, eine Verbrauchssteuer, die zunächst nur in den Städten gezahlt wurde. Ihre Einnahmen flossen vollständig in die Kassen, aus denen das Militär finanziert wurde. Weiterhin dienten Tore und Mauern der Einschränkung der Desertion von Soldaten der preußischen Armee.

An dieser Stelle, am westlichen Festungstor, begann 1735 die Beseitigung der Wälle und Festungsanlagen. König Friedrich Wilhelm I. beabsichtigte damals, die mittlerweile komplett bebaute Stadtfläche Friedrichwerders ohne trennende Militärbauwerke an die Altstadt, genauer: an den Schlossbezirk anzuschließen. Das begann in den Jahren 1732/33 mit dem Abriss der alten Hunde- und Orangebrücke.[3]

Gerade dieser Rückbau, diese Befreiung der Stadt aus dem Korsett überholter Verteidigungsarchitekturen ist bedeutend wichtiger, als es bisher dargestellt wurde, bildet er doch die Grundlage der

weiteren städtebaulichen Entwicklung Berlins – geboren aus präzisen Anweisungen des die Planungsarbeiten minutiös verfolgenden Königs. Auch den eigentlichen Anstoß gab Friedrich Wilhelm I., als er am 2. August 1735 aus Potsdam Generalmajor von Linger anwies: »Mein p. Ich habe Eure Vorstell. v. 30. Jul. nebst dem Risse des Neuen Thores erhalten. Weil Mir aber der Platz des Thores bis an die Brücke zu schmal vorkommet, so habe Ich Euch auf den hierbey zurückkommenden Risse gezeichnet wie breit alles seyn solle (...).«[4]

Entwurf für die Aufstellung des Denkmals für Friedrich III. / Friedrich I. in der Form eines Obelisken, Holzstich nach F. W. Dieterich, um 1738.

Diese königliche Order markiert den Anfang vom Ende der Berliner Festungsanlagen. Andere derartige Weisungen im Hinblick auf die Entfestung konnten bisher nicht ermittelt werden. Der militärische Wert der Fortifikationen war zuvor schon stark gesunken, wie dem König und seinen Generälen wohl bewusst war. Daher fiel es nicht allzu schwer, diesen Hemmschuh der weiteren städtebaulichen Entwicklung zu beseitigen. Wie dabei vorgegangen wurde, illustriert das Schreiben, in dem sich am 21. Januar 1718 der damalige Kommandant von Berlin, Johann Quirin von Forcade Marquis de Biaix, an den König wandte; das Schreiben stellt gleichzeitig auch einen Beleg für den Beginn der Arbeiten dar: »Da Ew. Königlich Maytt. Allergnädigst Befohlen, daß, nach beyliegenden Abriß, ein Durchschnitt durch den Wall Bey dem Hetzgarten sol gemachet werden. So haben zwar einige Maurer-Meister davon Auffsätze gemacht. Ich glaube aber, daß es zu Ew. Königl. Maytt. Interese seyn würde, die Arbeit überhaupt an einige Entreprenneurs zu verdingen, und anjetzo so lange, als wegen des Frostes nicht kann gemauert werden, Den Wall durch zu schneiden, und indeßen die Priveter [Toiletten, d. Verf.] am Graben anzulegen. Dahero Ew. Königl. Maytt. allerunterthgst. anheim stelle, ob dieselbe nicht allergdst. vermeinen, daß solche Arbeit, zu desto schleunigeren Verfertigung /:wie mit dem Pulver-Magazin geschehen:/ im Beysein dehro würcklich geheimen Etats Rath Hrn. v. Creutz und v. Kraut auf gutte Caution anzuverdingen sey, so dann Ew. Königl. Maytt. Aller unterthänigst überlassend, auß welcher Cassa Sie die dazu Benöthigten Gelder wollen zahlen laßen.«[5]

Friedrich Wilhelm I. ließ am 24. Januar 1718 antworten: »Alß Sr. Königl. Majestät allergnädigst resolviret, und an dero Obersten und Commendaten alhier de Forcade laut Beyschlußes befohlen, daß aus dem hiesigen vormahligen Hetz-Garten der itzo vor die Compagnie Cadetts aptiret ist, zu derselben mehreren Bequemlichkeit einen Durchschnitt und Oeffnung durch den Wall bis auf das Waßer des Vestungs-Grabens gemachet (...).«[6]

Doch zurück ins Jahr 1735. In welchem Umfang die Wälle abgetragen wurden, kann nicht eindeutig rekonstruiert werden. Jedenfalls geschah dies südlich bis zur heutigen Straße Hinter der Katholischen Kirche, nördlich wohl kaum über die Straße Unter den Linden hinaus. Denn dort, zwischen dem Neustädtischen Tor und der heutigen Universitätsstraße lag eine freie Abstandsfläche, die für die Aufstellung von Kanonen im Belagerungsfall gebraucht wurde.

Wenn also die Verbesserung der Anbindung der neuen Vorstädte als Ursache angenommen werden darf, muss aber gleichzeitig auf einen anderen Vorgang verwiesen werden, nämlich den Festungsbau im übrigen Königreich Preußen, also die Sicherung der Grenzen des Staates. Beim Studium der Akten wird deutlich, welche Rolle gerade dies in den Jahren nach 1732 spielte. Hier ist insbesondere auf den Festungsbaumeister, den Ingenieur-Obristen Gerhard Cornelius von Walrave, zu verweisen, der in diesen Jahren insbesondere am Ausbau der Festungen in Wesel und Magdeburg arbeitete, aber auch in Stettin wesentliche Spuren hinterließ. In Geldern wurde ebenfalls an der Festung gearbeitet. Dieser aufwändige Ausbau der Landesbefestigungen machte die Festungsanlagen Berlins überflüssig. Die Stadt war nun in der Fläche des Landes gesichert. Das Ganze erinnert an die Vorgehensweise des französischen Königs Ludwigs XIV., der Ende des 17. Jahrhunderts die Festungsanlagen von Paris schleifen ließ, als am

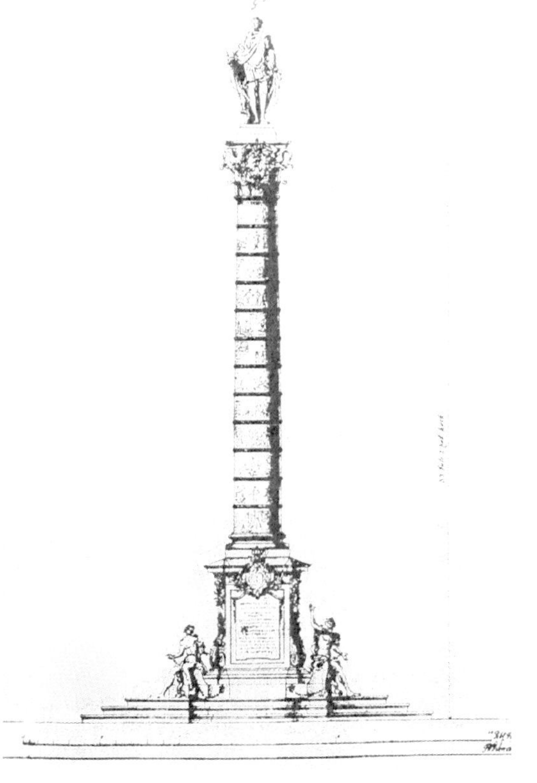

F. W. Dieterich, Entwurf für die Aufstellung des Denkmals für Friedrich III./Friedrich I. in Form einer Säule, um 1738.

Rande des Staatsterritoriums neu errichtete Festungen das Land und damit die Hauptstadt sicherten.

In Berlin störten die Festungsanlagen wie in Paris die Verkehrsströme aus der Stadt hinaus und in die Stadt hinein, und hemmten das Zusammenwachsen der neuen Stadtteile mit den alten. Mit dem Ausbau der Landesfestungen und dem Abriss der Berliner Festungsanlagen zeigte sich ein Grundzug der Politik des »Soldatenkönigs« Friedrich Wilhelms I., der die Politik seines Großvaters fortsetzte, den Krieg von seinem Lande fernzuhalten. Gleichzeitig mit dem Ausbau der Landesfestungen wurde die Verwaltung gestrafft und die Armee in ihrer Mannschaftsstärke von 40000 auf über 80000 Soldaten verdoppelt. Preußen war damit viertstärkste Militärmacht Europas, nach Frankreich, den Niederlanden und Russland. Die vergrößerte preußische Armee sollte durch ihr militärisches Abschreckungspotenzial Kampfhandlungen im eigenen Lande verhindern, konnte aber auch außenpolitisch als Druckmittel eingesetzt werden. Der König dachte jedoch nicht daran, sie in konkreten Feldzügen aufs Spiel zu setzen, so dass am Ende seiner Regierungszeit das geflügelte Wort entstand: »So schnell schießen die Preußen nicht!«

Warum der König gerade das Gebiet um die heutige Neue Wache als Beginn der Entfestung Berlins festlegte, lässt sich aus den erhaltenen Akten nicht erschließen. Aber die Nähe zu Schloss, Zeughaus und zur Friedrichswerderschen Vorstadt sollte wohl ein Signal an die europäischen Höfe darstellen, dass der Staat im Innern gefestigt war und man es sich leisten konnte, die militärischen Befestigungen der Residenzstadt zu beseitigen. Allerdings blieben Garnison, Gouvernement und Kommandantur für die militärische Sicherung Berlins bestehen.

Am 23. August 1735 folgte eine zweite Weisung zur Entfestung Berlins, diesmal an den Kommandanten, »General Lieutenant« Caspar Otto von Glasenapp, und den Gouverneur, Generalmajor Egidius Ehrenreich von Sydow: »Da Ich resolviret habe daß allhier gegen der großen Jägerstraße über nach der Friedrichstadt zu eine Öffnung durch den Wall gemachet, und daselbst eine Neue Brücke angelegt werden soll, so schicke Ich Euch hierbey den davon gefertigten Riß, auf welchen Ich die gerade zu gehende Brücke approbiret habe, daß Ihr solche, und zwar aber so Breit, wie die Brücke an Neuen Thor bey dem Cron Printzl. Hause ist, machen laßen sollet. Wie denn nach der Öffnung durch den Wall auf jeder Seite mit einer Mauer so wie an gedachten Thore versehen und eine Kleine Corps de Guarde dabey gegeben werden soll.«[7]

Diese Arbeiten zogen sich bis 1737 hin, da zugleich zahlreiche Besitz- und Eigentumsfragen zu regeln waren. Die Wälle und Bastionen verschwanden wohl nach Süden bis auf die Höhe des Spittelmarktes, die Toranlage zwischen Altstadt und Friedrichswerder wurde beseitigt. Der Steinbau des Wachlokals, des Vorgängerbaus der Neuen Wache, aber blieb erhalten, obwohl er zunächst keine eindeutige Funktion mehr besaß. Die bei der Entfestung anfallenden Erdmassen wurden zur Planierung der nach 1735 weiter ausgebauten Friedrichstadt verwendet, um kleine Teiche, Tümpel und morastige Stellen aufzufüllen.

Um die neuen Stadtteile wurde nun eine neue Außenmauer gezogen, die so genannte Akzise-Mauer, die allerdings aufgrund ihrer geringen Wandstärke keine militärische, sondern nur noch eine fiskalisch-politische Bedeutung besaß. Neben der Sicherung der Steuereinnahmen sollte mit ihr auch wie erwähnt die Desertion von Soldaten unmöglich gemacht werden. Am 30. Mai 1735 war bereits die Weisung des Königs erfolgt, die bisherigen, nun mitten im Stadtgebiet gelegenen Wachlokale aufzuheben.[8] Allerdings betraf das nicht den Standort des ehemaligen Neuen Tores vor der Hundebrücke. Hier erging am 6. August eine Weisung zum Umbau der Anlage: »Seine Königliche Majestät in Preußen Unser Allergnädigster Herr haben zur Erweiterung des neuen Thores zu Berlin bei dem Zeughause und zur Erbauung derer beiden Corps de Guarde [Wachlokale, d. Verf.] daselbst aus der Albrechtsschen Casse Elfhundert drei und dreissig Thaler 19 gr. nebst denen dazu benöthigten Bau-Materialien nach der hiebei kommenden Specfacition ganz frei auf den Bau-Platz zu liefern allergnädigst accordiret (...).«[9]

Diese zunächst unverständliche Anweisung findet eine Erklärung, wenn man einen anderen Vorgang in der Stadt mit ihr in Zusammenhang bringt.

Christian Heinrich Horst, Entwurf für einen Kupferstich zur Aufstellung des Denkmals für Friedrich III./Friedrich I., Bleistift, Feder in Schwarz, Pinsel, grau laviert, um 1735.

Bekanntlich hatte die in stetem Wachstum begriffene preußische Militärverwaltung ständigen Bedarf an neuen Räumlichkeiten. Die Soldaten der Berliner Garnison lagen in den Jahren um 1740 noch immer in den Häusern der Berliner Bürger in Quartier: Ein Soldat oder mehrere Soldaten bzw. die Familie der verheirateten Soldaten wohnten in Häusern oder Wohnungen der Berliner Bevölkerung. Die in genau festgelegten Stadtquartieren untergebrachten Angehörigen und Einrichtungen des Regimentes wurden von einer Wache aus geführt. Dort saß der Wachhabende des Regiments, der die Soldaten beaufsichtigte, aber auch ihre Verfehlungen ahndete. Wie in allen Armeen dieser Jahre waren auch in Preußen die Strafen für geringste Verfehlungen grausam. Dazu gehörten Spießrutenlaufen, Stockprügel und andere entwürdigende Strafen, die vor den Wachlokalen der Regimenter vollzogen wurden.

Ein Wachlokal bildete das Zentrum des inneren Dienstes eines jeweiligen Regimentes. Auch nach 1767, als in Berlin zunehmend Kasernenbauten entstanden, blieb dieser Zustand erhalten, denn trotzdem wohnte eine nicht geringe Zahl der Soldaten weiterhin außerhalb der Kasernen. Am 11. September 1767 hatte König Friedrich II. angewiesen: »Ich habe zum Soulagement der Berlinschen Bürgerschafft resolviret für denen daselbst in Garnison stehenden 7. Infanterie-Regmt. Casernen zwar jede zu 240 Mann bauen zu laßen, welcher Bau überhaupt 166 173 Rthlr. kosten wird, (...).«[10]

1786 gab es in Berlin insgesamt 54 Wachlokale. Die Militärbehörden unterschieden zwischen Wachen an den Toren, an königlichen Gebäuden, in den Kasernen und den Hauptwachen. Letztere waren Dienstgebäude für die einzelnen Waffengattungen, im Gegensatz zu den Wachen für das jeweilige Regiment. Eine dieser Hauptwachen stellte das Wachgebäude »an der neuen Brücke auf dem Platz am Zeughaus« dar – gemeint war die 1774 erbaute neue Gewölbebrücke.

Kronprinzenpalais, Foto von F. Albert Schwartz, 1855.

Die Haus- bzw. Wohnungsbesitzer, die zur Aufnahme von Soldaten verpflichtet waren, erhielten Entschädigungen, die aus der »Servis-Kasse« bezahlt wurden: »Servis-Gelder«, »Einlage-« oder »Verpflegungsgelder«, so lauteten die zeitgenössischen Namen. Im Militärwesen war dies die Vergütung, die die Soldaten zur Beschaffung des Unterkommens für sich (»Personalservis«), ihre Pferde (»Stallservis«), und die Büros (»Buereauservis«) erhielten. In den Fällen, in denen die Soldaten in Wohnhäusern untergebracht wurden (»Naturalservis« genannt), erhielten die zur Quartierleistung verpflichteten Bürger den »Servis« ausgezahlt. Aus einer Kabinettsorder vom 17. Februar 1739 ist zu erfahren, dass in Berlin für ein Infanterieregiment an »Naturalservis« jährlich 11 040 Taler gezahlt wurden. Für ein Regiment Kavallerie betrug der »Naturalservis« 7 707 Taler.[11] Die Pferde waren zentral in Ställen z. B. am Gendarmenmarkt untergebracht, somit entfiel der »Stallservis«.

Aus den Neubauten an dieser Stelle war nun also ein Wachlokal für die in Berlin untergebrachten Soldaten der Artillerie geworden. Das ergab sich logisch aus dem Standort des Zeughauses (heute »Deutsches Historisches Museum«) und der Lage der Büchsenmacherei, die ihren Platz zwischen Zeughaus und Spree hatte. Noch heute bezeichnet der Name der hinter dem Zeughaus liegenden Straße Hinter dem Gießhaus, dass sich an dieser Stelle einst die Geschützgießerei der preußischen Armee befand. An ihrem Standort errichtete dann der Chef der preußischen Artillerie, der spätere Generalleutnant von Linger, sein Wohnhaus. Aus dieser Nutzung entsprang die Bezeichnung »Kanonier-Wache«, auch »Alte Wache« genannt, da sie zu den ältesten Wachgebäuden Berlins gehörte.

Friedrich Wilhelm I. hatte auch über eine Gestaltung der freien, neuen Stadtfläche westlich des ehemaligen Tores nachgedacht. Dieser sparsame und »hausväterliche« König, der Funktion und Form beim Ausbau der Friedrichstadt miteinander eng verbinden ließ und dabei auf Uniformität, Schlichtheit und Regelmäßigkeit der Straßen und Häuserfassaden besonderen Wert legte, hatte ein Anliegen. Ihm ging es um die Aufstellung eines Denkmals, das seinen Vater, Kurfürst Friedrich III., ab Januar 1701 König Friedrich I. »in Preußen«, darstellte. Der Bildhauer Andreas Schlüter hatte es 1697 geschaffen; ursprünglich sollte es im Zeughaus seine Aufstellung finden. Am 1. April 1728 verfügte Friedrich Wilhelm I., dass es auf dem Berliner Molkenmarkt aufgerichtet werden sollte. Dafür wurden 1 000 Taler bereitgestellt.[12] Am 30. April erfolgte ein »Rescript« an General von Linger, dass er eine Lieferung von 34 Zentnern und 60 Pfund Metall bezahlen solle, die »zu Gießung d. Sclaven bey der Statue des hochseel. Königes Mayt.«

geliefert worden sei.[13] Bereits am 15. April hatte die Grundsteinlegung am Molkenmarkt, gegenüber dem Palais Schwerin, stattgefunden; das Denkmal sollte einen Höhepunkt der Stadtumgestaltung in Vorbereitung des Besuches des sächsischen Kurfürsten August des Starken (vom 26. Mai bis 17. Juni 1728) markieren. Am 15. Mai war die Anlage fertig. Am 18. Juni folgte die Weisung, dass die vier Sklaven am Fuße der Bildsäule in Bronze gegossen werden sollten; dafür wurden weitere 9600 Taler bereitgestellt.[14]

Ein 1796 veröffentlichter *Versuch einer Historischen Beschreibung* hielt fest: »Friedrich Wilhelm war in der Folge mit dem Standort dieser Bildsäule nicht zufrieden und wollte ihr einen besseren Platz anweisen. Dazu wurde denn der Eingang der Lindenallee auf der Neustadt gewählt.«[15] Als endgültiger Standort war – wohl 1737 – in der Allee Unter den Linden jener Ort gewählt worden, an dem sich heute das Reiterstandbild Friedrichs II. befindet.[16] Am 27. November 1738 wies der König den »Bau Inspector« Dieterich an: »Sr. Königl. Mayt. p befehlen dero Bau Inspector Dieterich hierd. allgst. zu der Statue, dero in Gott ruhenden Herrn Vaters Majestät, zu welcher die dazu behörigen 4. Sclaven, in den Gieß Hause zu Berlin bereits gegoßen worden, einige Projecte und Zeichnungen von einem Piedesthal von Marmor zu machen, und solche demnechst Höchstderoselben einzusenden.«[17]

Eine dieser Zeichnungen, möglicherweise ein Vorentwurf, hat sich in der Berliner Stiftung Stadtmuseum erhalten. Sie zeigt den Ort in seiner damaligen historischen Gestalt, das neue Denkmal hätte »einen ersten markanten Akzent im Sinne dynastischer Repräsentation bedeutet (…).«[18] Anders formuliert, die Idee eines königlichen Bezirks innerhalb der Stadt nahm erste Formen an, und das Standbild Friedrichs III. bzw. Friedrichs I. auf einer hohen Säule wäre der Orientierungspunkt dieses Bezirks nach Westen geworden. Im Februar 1739 begannen die Arbeiten an der Baugrube, der Unterbau der Säule war fertig, als Friedrich Wilhelm I. am 31. Mai 1740 starb. Der Bau wurde eingestellt; es blieb aber die Idee zur Bildung eines besonders betonten Staatsraumes Preußens im Stadtzentrum von Berlin, der in den folgenden Generationen ausgeformt werden sollte.

Opernplatz

Der Tod König Friedrich Wilhelms I. veränderte die Planungen für den Stadtraum westlich des Berliner Stadtschlosses. Sein Projekt, dort eine Statue seines Vaters, Kurfürst Friedrichs III., des nachmaligen Königs Friedrich I., aufzustellen, wurde nicht weiter verfolgt, die Schlütersche Statue 1744 vom Molkenmarkt entfernt und im Zeughaus untergestellt. Sie gelangte 1801 nach Königsberg und ging offenbar gegen Ende des Zweiten Weltkriegs in den Wirren der Kämpfe um die ostpreußische Hauptstadt 1945 unter. Eine Kopie – nach den überlieferten Gipsformen – steht heute vor dem Schloss Charlottenburg.

Ein nächster Plan zur Gestaltung dieser Freifläche neben der künftigen Neuen Wache, der die Voraussetzungen für eine wirkungsvolle Platzgestaltung schaffen sollte, lag bereits 1740 vor; dabei störte allerdings das Projekt der Bildsäule. Nachweisbar seit 1736 befasste sich Kronprinz Friedrich, der künftige König Friedrich II., gemeinsam mit dem Architekten Georg Wenzeslaus von Knobelsdorff mit Planungen künftiger Bauvorhaben in Berlin. Im Vordergrund stand die Idee des Neubaus eines Königsschlosses, das zum eindeutigen Mittelpunkt der Residenz ausgestaltet werden sollte.

Johann Conrad Krüger, Aussicht [sic] der neben dem Opernhaus neu erbauten Brücke, Kupferstich, um 1770. Das Opernhaus Unter den Linden mit dem Haupteingang an der Längsseite zur Spree, dahinter die Hedwigskathedrale.

Als Standort dieses Komplexes hatte der Kronprinz einen Abschnitt der Straße Unter den Linden gewählt, dessen geringe Bebauung einer großzügigen Planung viele Freiheiten ließ. Europaweit traten zu diesem Zeitpunkt die mittelalterlich gewachsenen Innenstädte in den Hintergrund, da nun großflächige neue Stadträume geplant und gebaut wurden. Das vom Kronprinzen ausgewählte Terrain besaß, wie die zeitgenössischen Stadtpläne belegen, eine unmittelbare Verbindung zum Friedrichstädtischen Markt (heute Gendarmenmarkt), nur unterbrochen durch einige Gebäude wie etwa das Markgräflich Schwedt'sche Palais Unter den Linden.

Nach dem Regierungsantritt Friedrichs II. 1740 brachte Knobelsdorff die Pläne zu Papier und legte diese dem König vor. Um ein großes Forum, an dem nördlich der Linden der Neubau eines königlichen Schlosses vorgesehen war, gruppierte Knobelsdorff südlich das zu errichtende Gebäude der Akademie der Wissenschaften und ein Opernhaus. Gleichsam Kunst und Wissenschaft als zentrale Anliegen des preußischen Staates unter dem neuen Monarchen darstellend, ergab die Planung als Folge eine Neuordnung dieses Stadtgebiets. Dabei deuteten sich bereits Konsequenzen an, die zwar noch nicht in Zeichnungen ausgeführt sind, aber sich mehr oder weniger zwingend ergaben. Knobelsdorff griff dabei den Gedanken auf, den Friedrich Wilhelm I. mit der Idee der Statue für seinen Vater entwickelt hatte, und formte das Projekt eines königlichen Bezirks für Berlin weiter aus.

Den innerstädtischen Verkehrsbeziehungen folgend, zielte die Hauptachse des geplanten Schlossneubaus nach Süden, auf die Markgrafenstraße, das heißt, der Plan orientierte sich an der Gegebenheit der damals wesentlichen Hauptausfallwege aus Berlin nach Westen und Süden, die zu diesem Zeitpunkt durch die heutige Leipziger Straße führten. Die Straße Unter den Linden, zum Tiergarten führend, bot diese Möglichkeit noch nicht. Auch wenn wir nicht wissen, inwieweit die Konsequenzen einer derartigen Planung beachtet und bearbeitet worden sind – der Friedrichstädtische Lindenmarkt wurde objektiv Teil dieser Entwürfe. Die prächtige, symmetrisch gestaltete Platzanlage hätte der Schnittpunkt der beiden Verkehrsachsen in den neu angelegten Stadtgebieten westlich der Altstadt sein können und wäre denkbar geeignet gewesen, die Vereinigung der Macht des Herrschers mit Kunst und Wissenschaft öffentlich darzustellen. Obwohl alles noch auf dem

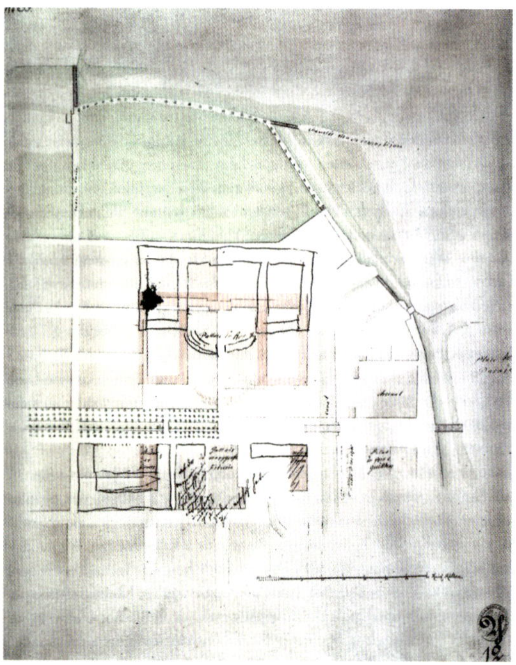

Entwurf für das Friedrichsforum von Georg Wenzeslaus von Knobelsdorff mit eigenhändigen Änderungen Friedrichs II., um 1740.

Papier stand, wurde bereits 1742 dieser Ort *Forum Fridericianum* genannt.[19]

Friedrich II. veränderte durch rote Federstriche und handschriftliche Bemerkungen die Planung grundlegend. Er verlegte das *Palais du Roi* (Königsschloss) weiter nach Norden und stellte das geplante Opernhaus quer zu den Linden. Nach Westen sollte dann ein Palais für den Markgrafen Friedrich entstehen. Das geplante Akademiegebäude – fast spiegelbildlich zur Oper als langer schmaler Bau entworfen – vergrößerte er und legte einen U-förmigen Grundriss fest, der bis an die Friedrichstraße reichte. Zur Straße Unter den Linden erhielt das Gebäude einen Ehrenhof. Damit war die großzügige städtebauliche Platzanlage selbstherrlich verändert und letztlich aufgegeben. Realisiert wurde von allen diesen Überlegungen nur der Bau des Opernhauses.

Am 1. Juli 1740 meldeten die *Berliner geschriebenen Zeitungen*: »Sonsten haben S. Königl. M. einen sehr großen Platz von der Contre-Escarpe bey dem Palais [des Kronprinzen, d. Verf.] bis an den Weidendamm ausmessen, und die Häuser, welche nach der Eigenthümer Angaben ohne dem Wegen-Hause und großem Marstall [heute Standort der Staatsbibliothek, d. Verf.] 172 000 rtl. Kosten, und so bezahlet werden sollen, besehen laßen. Hieselbst soll ein großes Schloß oder Favorita, wozu 4 Millionen destiniret seyn sollen, gebauet werden, und über die Spree mit Monbijoux [gemeint ist das im Zweiten Weltkrieg zerstörte Schloss Monbijou, d. Verf.], wozu die übrigen Gartens bis an der Brücke [Weidendammer Brücke, d. Verf.] noch verkauft werden sollen, Communication haben. Dieses wird ein sehr prächtiges Werk werden. Die Eigenthümer sollen, wann sie bauen wollen, über das Kauf-Pretium andere Plätze und freye Materialien haben.«[20] Dagegen folgte am 6. September die Meldung: »Weil der Grund, wo vorhin das große Schloß gebauet werden sollen, zu morastig und zu einem solchen Gebäude nicht tüchtig befunden worden, so gehet nunmehro die Rede, daß es dichte am Quarrée [heute Pariser Platz, d. Verf.] der Dorotheenstadt angeleget, und von da eine Straße nach Charlottenburg gebauet werden solle.«[21]

Friedrich II. gab durch die Genehmigung für den Bau des Markgräflich Schwedt'schen Palais', dem späteren Generalkommando an der Ecke Unter den Linden (heutiger Bebel-Platz) willkürlich diese städtebaulich glückliche Planung auf. Entscheidend für die weitere Ausformung dieses Stadtraumes blieb der Gedanke, das Gelände zwischen dem Zeughaus und dem westlichen Ende dieses Raumes als eine Einheit zu sehen. In den Akten wurde das Zeughaus und das gegenüberliegende Gebäude, das später die Kommandantur beherbergte, sowie ein Teil des Kronprinzenpalais' unter der Bezeichnung

»Platz am Zeughaus« geführt, während der Raum westlich davon, also das Gebiet, das nach der Beseitigung der Festungsanlagen unbebaut war, die Bezeichnung »Opernplatz« trug. 1740 wurde mit dem Bau des Opernhauses begonnen, das bis 1743 nach den Plänen Knobelsdorffs errichtet wurde. Es stand etwas verloren auf der weiten Fläche.

Große Plätze galten im 18. Jahrhundert, insbesondere in den sehr geregelt und genormt überformten Metropolen Europas, als eminent wichtige städtebauliche Elemente. Sie gaben einer ganzen Stadt in den Augen der damaligen Architekten die entscheidende Prägung, ihre Anlage geschah besonders durchdacht, um bestimmte Punkte, Sichtachsen und das Zentrum hervortreten zu lassen. 1747 schenkte der König die freie Fläche hinter dem Opernhaus der katholischen Gemeinde und schrieb dieser den Bau einer Kirche vor, die im ursprünglichen Entwurf nicht vorgesehen war. Es entstand mit der Hedwigskathedrale ein Bau nach dem Vorbild des römischen Pantheons. Im selben Jahr wurde auch der Bauplatz für den Neubau des protestantischen Doms im Lustgarten angewiesen. Am 8. Mai 1749 erfolgte dann die Grundsteinlegung für das Palais des Prinzen Heinrich, der heutigen Humboldt-Universität, in unmittelbarer Nähe des Wachgebäudes. Die Stadtgegend erhielt nun insgesamt die Bezeichnung »Opernplatz«.

Geldmangel, hervorgerufen durch Ausgaben für die Armee und die Kriege, aber auch die Hinwendung nach Potsdam (Schloss Sanssouci war 1747 fertiggestellt, in der Residenzstadt an der Havel entstanden ab 1748 nicht weniger als 618 Häuser) als bevorzugter Aufenthalt des Königs, ließen den Plan über den Bau des Opernhauses nicht hinauskommen; nur in verkleinerten räumlichen Dimensionen gelangte die Idee des Forums zur Ausführung.

Weitere große Bauprojekte kamen in Berlin nicht zur Umsetzung. Ersatzbauten für verfallende Häuser bestimmten das Baugeschehen. Nur wenige repräsentative Gebäude wurden errichtet. Dazu gehörte unter anderem das Projekt, dem Präsidenten der Akademie, Pierre-Louis Moreau de Maupertuis, einen Platz zum Bau eines großen Hauses anzuweisen. Am 31. Mai 1751 erfolgte die Weisung an General von Linger, aus der wir etwas über den Zustand des Geländes erfahren. Der Platz lag »nach dem Stadt Graben in der Gegend der Stück Gießerey und der dahinter liegenden zum theil schon abgetragenen Bastion.« Auf dem Platz sollen »aber einige Pyramiden u Stück Kugeln stehen (...). So befehle Ich hierdurch daß Ihr sothane Pyramiden Kugeln auf das fordersamste anders weg transportiren und zur nechsten Seite des Arsenals so die face nach gedachten Graben und gegen den Palais Meines Bruders des Printzen Heinrichs wohnt wiederumb auf setzen laßen sollet.«[22]

Am gleichen Tage erfolgte auch die Weisung an die Kurmärkische Kriegs- und Domänenkammer mit der spezifizierten Aufstellung des Baumaterials, das der König für diesen Bau zur Verfügung stellte.[23]

Maupertuis verlor aber bald das Interesse an diesem Bauplatz. Er suchte und fand einen anderen, der aber bereits an den Kammerdiener der Königin Elisabeth Christine, Johann Gottfried Donner, vergeben war. Als Angehöriger des Hofes fügte dieser sich und bat um das Grundstück, das einst Maupertuis versprochen worden war. Eine königliche Ordre vom 7. August 1751 an den Gouverneur von Berlin, »General Lieutenant« Graf von Hacke, hielt fest: »Da Mich der Cammerdiener Donner in dem Copeyl. Anschluß gebeten, daß Ich ihm statt desjenigen Platzes welchen er an den Praes. v. Maupertuis wieder abtreten müßen, den Platz zwischen der communications Brücke und dem neuen Pack Hoffe nebst dem wüsten Flecke und Stücken Wiese hinter demselben, so wie er solches in dem angeschlossenen Abriß gelb marquiret hat, zu bebauung schencken möchte, Ich auch damit gantz wohl zu frieden bin, und ihm solches jedoch mit der bedingung accordiret habe, daß er alßdann den Wall auf seine eigenen Kosten abbringen laßen müße. Alß will Ich, daß Ihr dem Donner obgemeldeten Platz fordersamst anweisen sollet.«[24] Ebenso wurde der Kammerdiener unterrichtet.[25] Das Gebäude bildete den Kern des heutigen Palais' am Festungsgraben.

Abgeschlossen wurde die dortige Bautätigkeit in der Regierungszeit Friedrichs II. mit der Errichtung der »Alten Bibliothek«, vom Volksmund »Kommode« genannt (heute Juristische Fakultät der Humboldt Universität, s. u.), errichtet in den Jahren 1775 bis 1780 nach Plänen von Georg Christian Unger, sowie durch den Bau der katholischen Hedwigs-Kirche. Damit wurde ein weiterer Schritt zur Ausformung eines Staatsraums vollzogen.

Notwendigerweise nahm die Planung für das bisher unbebaute Gelände auch Einfluss auf den

Die „Alte Bibliothek", im Volksmund „Kommode" genannt, am Forum Fridericianum (heute Bebel-Platz), 1775 bis 1780 von Georg Christian Unger erbaut (nach Entwurf von J. E. Fischer von Erlach).

Bereich um das Wachgebäude. Die alten Festungsanlagen wurden nach und nach abgetragen. 1740 erhielt der Wasserlauf, der sich bisher um die Bastionen zog, einen begradigten Verlauf. An die Stelle der alten Zugbrücke trat eine permanente aus Holz. Dann stockte die Entwicklung. Mehr als drei Jahrzehnte später, am 12. Januar 1774, wies König Friedrich II. den Bau einer massiven Gewölbebrücke aus Stein nach einem Entwurf des Architekten Johann Boumann an, deren Brüstung mit Laternenträgern aus Stein versehen werden sollte.[26] Die nutzbare Verkehrsfläche blieb wegen der geringen Breite des Bauwerks klein, und ihre Wölbung war für Fußgänger wenig bequem. 1816 verschwand die Brücke wieder, die Laternenträger erhielten ihren Standort auf dem Leipziger Platz und blieben dort bis zu ihrer Zerstörung im Zweiten Weltkrieg.

Das Gelände um die Kanonierwache blieb ungestaltet und sah für eine königliche Residenz wenig einladend aus. Gras und Schilf wuchsen an den Ufern des alten, begradigten Festungsgrabens, der nicht zu Unrecht den Namen »der Stinkerige« erhalten hatte. In einer kleinen Bude schenkte eine Marketenderin Bier an Soldaten aus, Wäsche hing zum Trocknen und Betten lagen zum Lüften aus. Der Platz sah mehr wie ein Dorfplatz aus denn wie ein prominenter Ort in unmittelbarer Residenznähe der Hauptstadt Preußens.

Allerdings gab es in den Siebzigerjahren des 18. Jahrhunderts an einer anderen Stelle Aktivitäten. Nach der Aufgabe der Knobelsdorff´schen Planung und nach Fertigstellung des Opernhauses blieb die westliche Seite des Opernplatzes zunächst in einem städtebaulich unbefriedigenden Zustand. Hier standen die Seitengebäude des Markgräflich Schwedt'schen Palais'. 1774 wurden diese aufgekauft und der König wies an, dass an dieser Stelle ein Neubau für die Königliche Bibliothek entstehen sollte. Der Entwurf für die Außenfassade, den der Architekt Unger im gleichen Jahre vorlegte, hatte sich nach Weisung des Königs am Entwurf Fischer von Erlachs für die Erweiterung der Wiener Hofburg zu orientieren. Offensichtlich wollte Friedrich II. durch die Realisierung dieses Entwurfs, der in Wien nicht ausgeführt

Carl Gotthard Langhans, Entwurf zu einem Denkmal Friedrichs des Großen, 1797. Links im Bild angeschnitten die Bibliothek (Kommode) und das Palais des Markgrafen von Schwedt, rechts der Westflügel des heutigen Universitätsgebäudes und dahinter das Gebäude der Akademie der Wissenschaft.

(rechte Seite)
Friedrich Gilly, Entwurf zu einem Denkmal für Friedrich II., 1797.

worden war, seinen militärischen Sieg über Österreich auch mit einem baukünstlerischen krönen. Die Fassade erreichte nicht die Höhe des Wiener Entwurfs, war aber eine gelungene Nachahmung. Die Leitung des Baues übernahm ebenfalls Architekt Boumann.

Die Stadtgegend war damit zwar weiter ausgeformt worden, aber einen zusammenhängenden Repräsentationsdistrikt gab es noch nicht. Ob und inwieweit dies mit der *Allerhöchsten Kabinettsorder* Friedrichs II. vom 15. Juni 1782 zusammenhing, muss dahin gestellt bleiben. Der König hatte festgelegt: »Da die unruhigen quärulierenden Einwohner zu Berlin meine Gnade zu sehr missbrauchen und sie mir sogar mit Undank belohnen (…) habe ich beschlossen, für sie nichts mehr bauen zu lassen.«[27]

Nach dem Tode Friedrich II. 1786 sah die Stadtgegend westlich des Berliner Schlosses immer noch wenig ansehnlich, um nicht zu sagen sträflich vernachlässigt aus, trotz einiger wichtiger, zentraler neuer Bauten. Zwei Momente griffen jedoch nach 1790 nachhaltig in die weitere Gestaltung ein, und damit in die Verlegung der Verkehrswege innerhalb Berlins und stadtauswärts. Es stellte sich heraus, dass der bequemste Weg zur Sommerresidenz der preußischen Könige nach Potsdam, aber auch nach dem Schloss Charlottenburg, der Weg über die Straße Unter den Linden war. Die Chaussee nach Potsdam wurde nun ausgebaut, bereits 1791 die Arbeiten am Brandenburger Tor abgeschlossen. 1798 nahm König Friedrich Wilhelm III., und das stellte das zweite Moment dar, seinen Wohnsitz gegenüber der alten Kanonierwache. Zwei gewichtige Gründe, diesen Raum der Stadt würdig neu zu gestalten.

Am Anfang stand ein Wettbewerb unter den namhaften Berliner Architekten, ausgeschrieben von der Akademie der Künste. Ein Erlass des Königlichen Ministeriums vom 9. Februar 1791 machte ihn der Öffentlichkeit bekannt. Als Standort für das geplante Denkmal Friedrichs II. bestimmte er den Eingang zu den Linden. Der Wettbewerb scheiterte an den zu kurzen Terminen, an der Frage, in welchem Kostüm der König dargestellt werden sollte und an dem unzureichenden Können der Beteiligten.

Im Juli 1796 verfügte Friedrich Wilhelm II. die Wiederaufnahme derartiger Überlegungen. Dem voraus ging ein Vorschlag von Carl Gotthard Langhans, Architekt des Brandenburger Tores, am östlichen Ende der Linden einen runden Gedächtnistempel für Friedrich II. aufstellen zu lassen. Er nahm dabei den Gedanken Friedrich Wilhelms I. aus dem Jahre 1734 wieder auf. Das fand Anklang, und die Architekten Langhans, Johannes Hirt, Heinrich Gentz und Friedrich Gilly legten ihre Entwürfe für ein derartiges Denkmal vor. Gentz wählte als Standort den Platz zwischen Opernhaus und Königlichem Palais einerseits sowie zwischen dem Palais des Prinzen Heinrich und dem Zeughaus andererseits. Von seinen Vorschlägen haben sich nur eine unvollendete Zeichnung und die zum Entwurf gehörende Beschreibung erhalten.

Gentz schlug vor, den »anerkannt schönsten Platz der Hauptstadt« zu veredeln. Er wollte den Festungsgraben überwölben und darauf dann das Denkmal setzen. Der rollende Verkehr sollte rechts und links am Denkmal vorbeigeführt werden, für die Fußgänger waren Säulenhallen an den Straßenseiten vorgesehen. Am Ende dieser Hallen sah Gentz Pavillons vor, die östlichen für die Artilleriewache, die anderen für ein Kaffee- und Speisehaus. Dazwischen sollten Kaufläden und Boutiquen Platz finden. Der Entwurf zeigte also unzweifelhaft bemerkenswerte Gestaltungselemente, auch wenn er noch nicht völlig ausgereift war. Wichtig war, dass durch die Ausstellung dieser Entwürfe die Gestaltung jenes Stadtviertels in den Blickpunkt der Öffentlichkeit gelangte.

Das unscheinbare Detail der Verkehrsführung links und rechts an dem geplanten Denkmal vorbei fand in der Literatur seither nur wenig Beachtung. Der Vorschlag geht auf das *Edict über die Verbindlichkeiten der Unterthanen in Ansehung des Chaussee-Baues* vom 18. April 1792 zurück. Dort hieß es unter § 21, Nr. 13: »Begegnen sich zwey beladene oder zwey ledig Wagen, so müssen beyde auf der rechten Seite zur Hälfte ausweichen, bey 12 Groschen Strafe.«[28] Da die Anlage des Denkmals den Straßenverlauf einengte, griff Gentz darauf zurück und übertrug eine Festlegung für das flache Land auf die Stadt; interessant, dass es gerade an dieser Stelle geschah. Sechs Jahre später wurde der Vorschlag in die Tat umgesetzt. Am 19. August 1798 legte König Friedrich Wilhelm III. die Einführung des Rechtsverkehrs fest. Er wies das »Gouvernement« in Berlin an: »(...) nächst aber das fahrende Publicum durch Avertissiement [Bekanntmachung, d. Verf.] anweisen zu laßen, sowohl beym Heraus- als Hereinfahren das Brandenburger Thor und auf dem ganzen Wege bis Charlottenburg beständig auf der rechten Seite zu fahren.«[29]

Kapitel 3

Die Aufwertung der Stadtgegend – Karl Friedrich Schinkel

König Friedrich Wilhelm III. soll schon 1801 die Absicht verkündet haben, jenen Teil der Stadt, in der er seine Wohnung bezogen hatte, das östliche Ende der Linden also, eines Tages in Ordnung bringen zu lassen.[30] Als Teil der Residenz rückte das Gebiet um die Königswache 1803 verstärkt in das königliche Bewusstsein. Zu heruntergekommen zeigte sich dieser wichtige Teil Berlins, als dass er bei den Ausritten und Fahrten nach Potsdam – unansehnlich und ungestaltet – dem König und seinem Hofstaat nicht ins Auge fiel. Wieder war es Heinrich Gentz, der dafür einen zu seiner Zeit gerühmten, heute jedoch fast vergessenen Entwurf lieferte.

Mit diesem Schritt begann unmerklich ein neuer Abschnitt in der städtebaulichen Entwicklung Berlins: die Orientierung der künftigen Stadtentwicklung nach Westen, bei Vernachlässigung der östlichen Quartiere. Diese waren zwar reich an Geschichte, auch an Geschichte des Königshauses. Hier standen Bauten der Spätgotik, der Renaissance und des Barock. Hier wohnten auch wichtige Persönlichkeiten des Staatslebens, existierten einst kurfürstliche und nun königliche Einrichtungen. Hier lebte und arbeitete nicht zuletzt auch ein Großteil der Berliner Stadtbevölkerung. Die Durchmischung der Einwohnerschichten bei gleichzeitiger enger Bebauung ließ aber die Einrichtung eines eigenständigen, abgegrenzten, herausgehobenen königlichen Bezirks nicht zu.

Nach Westen gab es die erforderlichen räumlichen Entwicklungsmöglichkeiten, Platz für neue Architekturschöpfungen und Entwicklungen, die nicht vom Ballast der Vergangenheit einer aufstrebenden Großmacht beeinträchtigt wurden. Das Hofbauamt hatte ebenfalls 1803 bereits den Neubau der Artilleriehauptwache und der Hundebrücke angeregt; auffällig die zusammenhängende Behandlung beider

Johann Heinrich Gentz, zweiter Entwurf für das Denkmal Friedrichs II., 1797.

Bauwerke in einem Staatsauftrag. Die Akademie der Künste sollte wie in der Vergangenheit den Ideenwettbewerb ausrichten. Eingeladen werden zur Teilnahme sollte natürlich auch Gentz, »der schon vor etlichen Jahren Zeichnungen dafür entworfen« hatte. 1806 legte er einen weiteren Vorschlag vor, der auf einer Kunstausstellung der Bevölkerung zur Kenntnis gebracht wurde.

Interessanterweise suchte Gentz ebenfalls nach einer grundlegenden Neuordnung der vorhandenen Architektur durch ein *Verschönerungs-Projekt der Gegend zwischen den Linden und dem Schloss*. Auch in seinem Vorschlag sollte der frühere Festungsgraben in seiner ganzen Breite überwölbt werden. Für den so gewonnenen großen Platz entwarf Gentz zwei einander gegenüberstehende und in einem 50 Meter weiten Halbkreis geschwungene Kolonnaden, denen Statuen als Hintergrund dienen sollten. Die zwei Halbkreise hatten im Entwurf eine Höhe von etwa siebeneinhalb Metern, um den Statuen in ihrer Mitte »ein Ansehen von Kolossalität« zu verschaffen. Die Zeichnungen zeigen vier ebene Flächen und drei Säulenpartien. Deren mittlere waren geöffnet, um den Durchgang zu dahinter gelegenen Gartenanlagen zu ermöglichen. In den Wandflächen ordnete Gentz Nischen für Marmorstatuen von Männern an, die »ihre Kräfte dem Dienst des Staates« gewidmet hatten. In den Hinterbauten sollten Boutiquen, die in der Gegend fehlten, eingerichtet werden. In die Mitte der Anlage platzierte Gentz auf der nördlichen Seite ein Denkmal für den 1786 verstorbenen König Friedrich II., und in die südliche das bereits vorhandene des Kurfürsten Friedrich Wilhelm (den »Großen Kurfürst«) von Andreas Schlüter.

Der uns besonders interessierende nördliche Teil der Gesamtanlage wies Eckpavillons auf. Zum Palais des Prinzen Heinrich hin sah Gentz ein Kaffee- und Speisehaus vor, und auf der Seite zum Zeughaus, nun fast am alten Platz, die Artilleriewache. Von dem Entwurf für die Gestaltung der Fassade dieses Gebäudes blieb eine Detailzeichnung erhalten, die im Kontext der übrigen Zeichnungen auf den Gesamtcharakter der Anlage schließen lässt. Es ist ein Bauwerk zur Verehrung des regierenden Königshauses, das aber durch und durch bürgerlichen Geist atmet. Hier klingt die Architektur des durch die Revolution in Frankreich an die Macht gekommenen Bürgertums an. Das wird sowohl in den geplanten Figurennischen – der König muss seinen Ruhm teilen – als auch in der Verwendung antiker Formelemente deutlich. Zu dem bürgerlichen Element gehört weiterhin die Öffentlichkeit der ganzen Anlage, also die Möglichkeit, sie zu durchlaufen, um in eine Parkanlage zu gelangen. Weiterhin weisen ihre Einbindung in eine Straße sowie der Vorschlag, »ein Polizeigesetz sollte ein für allemal das Fahren der Wagen immer zur

Johann Heinrich Gentz, Grundrisssituation des dritten Entwurfs zum Denkmal für Friedrich II., 1806. Die vorgesehene große, fast fünfzig Meter breite, prachtvolle Kolonnadenanlage in Halbkreisform hätte einen eindrucksvollen Hintergrund für das in der Mitte platzierte Reiterdenkmal Friedrichs II. ergeben.

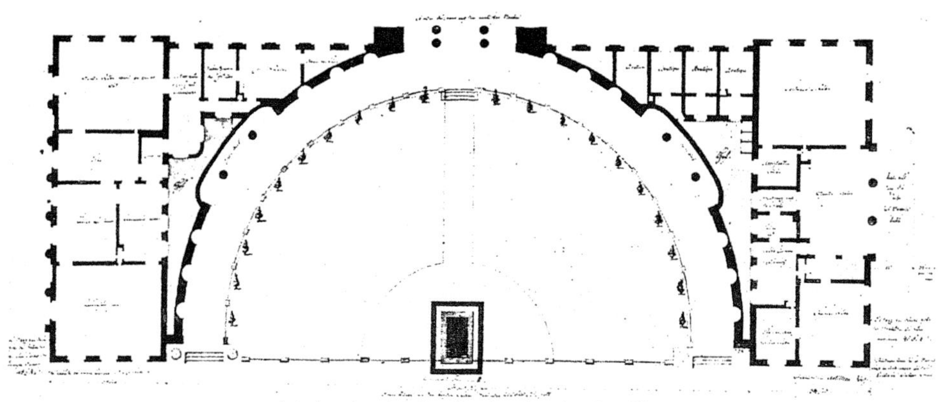

rechten Hand bestimmen, um dem Fuhrwerksverkehr die gehörige Richtung und den Fußgängern die nötige Sicherheit zu geben«, dahin. Bemerkenswert ist ein zusätzliches Detail: Der Plan der Gesamtanlage von der damaligen Hundebrücke bis zum späteren Universitätsgebäude nahm für die Brücke einen Entwurf des Freundes und Schwagers Gentz', Schinkels Lehrer Friedrich Gilly, auf, den dieser kurz vor seinem Tode 1800 vorgelegt hatte.

Nach unterschiedlichen Quellen soll mit der Realisierung des Projektes begonnen bzw. diese befohlen worden sein. Hierzu konnte aber bisher kein Beleg gefunden werden. Gentz selbst war 1801 in Weimar tätig. Die Berliner Stiftung Stadtmuseum bewahrt eine Grafik auf, die mit *Ehrenmal für Friedrich II.* bezeichnet ist. Als Autor wird ein Carl Wilhelm Fiala genannt, sie ist auf das Jahr 1806 datiert. Das Bemerkenswerte an ihr ist der vorgesehene Standort, der zwischen Zeughaus und dem Palais des Prinzen Heinrich lag, also auf dem Gelände, auf dem sich zu dem Zeitpunkt das alte Wachgebäude erhob. Die abgebildete Architektur weist Anklänge an die Entwürfe von Gentz auf. Der beigefügte Lageplan zeigt den Verlauf des alten Festungsgrabens sowie auf der Südseite das noch unbebaute Gelände an der Ecke Oberwallstraße.

Die preußische Niederlage in der Doppelschlacht bei Jena und Auerstedt am 14. Oktober 1806 machte dieser Gestaltungsidee in einem zentralen Bereich Berlins ein Ende. Napoleon zog am 27. Oktober als Sieger in Berlin ein. An aufwendige Neubauten war jetzt vorerst nicht mehr zu denken. Die französischen Besatzer erlegten dem Königreich Preußen und seiner Bevölkerung hohe Kontributionen auf, für Verschönerungsaktionen war kein Geld mehr da. Wenn diese geplante Anlage also daher nicht einmal begonnen wurde, blieb sie dennoch im Gedächtnis der Zeitgenossen, und die entsprechenden Zeichnungen bei den Akten. Die nachfolgende Generation kam auf sie zurück. Darin zeigte sich die Bedeutung Gentz', jenes Berliner Architekten, der dem Klassizismus zum Durchbruch verhalf.

Trotz des Zusammenbruchs des preußischen Militärstaates verewigte sich Gentz an diesem Platz. Er erhielt 1809 den Auftrag, dem König im ehemaligen Palais des Prinzen Ludwig – gegenüber der Wache – in der Oberwallstraße (später Kronprinzessinnenpalais, heute Operncafé) eine bequemere und dezentere Wohnung einzurichten. Den Kern des Gebäudes bildeten zwei 1730 entstandene Wohnhäuser, die von dem Architekten Friedrich Wilhelm Dietrichs vereinigt und umgebaut wurden. 1809 begannen Planungen für einen Erweiterungsbau, einen Kopfbau an der Straße Unter den Linden. Heinrich Gentz entwarf einen Bau mit elf Fensterachsen und einem Verbindungsgang zum Palais des Königs (Kronprinzenpalais). Konkur-

Johann Heinrich Gentz, Entwurf für ein Denkmal Friedrichs II. mit Kolonnade, Detail der Rückfront. Gentz war in seinem Entwurf von 1806 durch die auffallende Säulenstellung im Zentrum und die Fassadengestaltung rechts und links davon daran gelegen, auch die Rückseite der Denkmalsanlage ansehnlich zu gestalten.

rierende Entwürfe gab es von Karl Friedrich Schinkel und Paul Ludwig Simon. 1810 begann die Ausführung des Baus nach den Entwürfen von Gentz, allerdings entstand nur ein Kopfbau mit vier Fensterachsen, der zunächst von den Töchtern des Königs als Wohnung genutzt wurde. Der Bogen zum benachbarten Königspalais entstand dagegen nach Entwürfen Schinkels. Der noch heute erhaltene Bau blieb aber nur Torso eines ursprünglich bis fast an die Oper reichenden Entwurfes.

1815, nach dem Sieg Preußens und seiner Verbündeten über das napoleonische Frankreich im nationalen Unabhängigkeitskrieg, tauchte der Gedanke an die Neugestaltung dieses Stadtgevierts erneut auf. Weiterer Verfall, Unordnung und Schmutz ließen nun die Forderungen nach repräsentativer Gestaltung mehr als dringlich werden. Bekanntlich hatte Friedrich Wilhelm III. seit 1798 im Palais gegenüber dem Wachlokal seinen ständigen Wohnsitz. Dem Wachgebäude war also die neue Funktion zugefallen, die für die Sicherheit des Königs zuständigen Mannschaften zu beherbergen. Sie erhielt deshalb nun die Bezeichnung »Königswache«, die sie bis 1840 offiziell trug, und die ihr noch bis 1918 anhaftete.

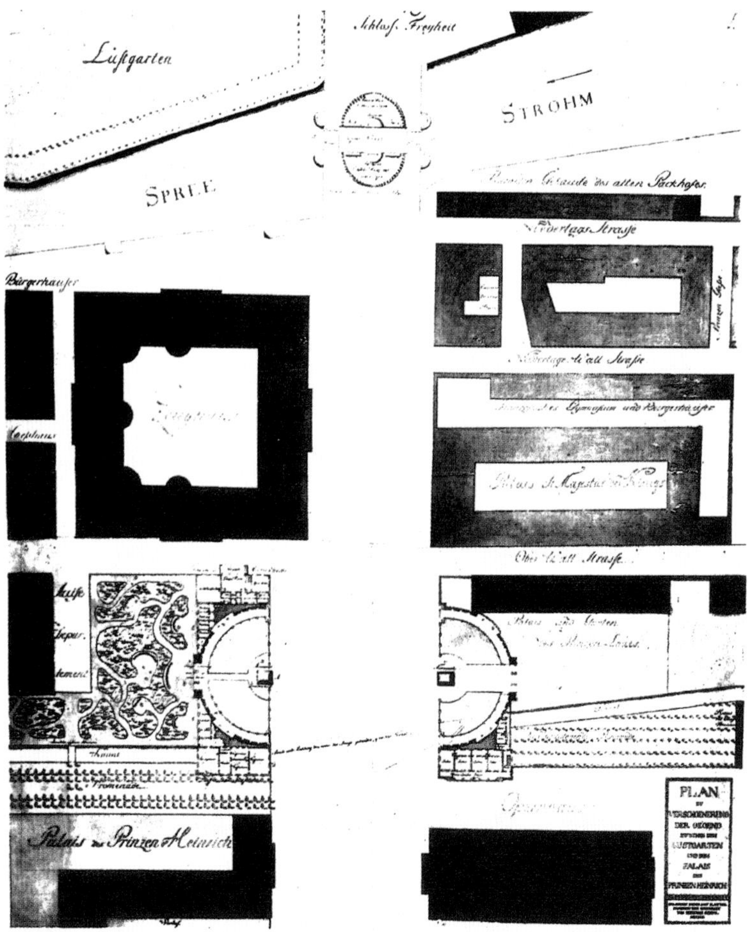

Gestaltungsplan von Johann Heinrich Gentz für den Bereich zwischen Zeughaus (Bildmitte links) und Palais des Prinzen Heinrich (unten links) mit den beiden Arkadenbögen; oben der Lustgarten mit Spree und Hundebrücke, um 1800.

Die Stein-Hardenberg'schen Reformen (Städteordnung, Oktober-Edikt über die Bauernbefreiung, Gewerbefreiheit usw.) leiteten schrittweise den Prozess der bürgerlichen Umgestaltung Preußens ein. Das hatte vielschichtige Folgen: An die Stelle des feudalen Heeres mit langer Dienstzeit und der Kompaniewirtschaft trat ein nach den Prinzipien der allgemeinen Wehrpflicht organisierter Armeekörper. Das Spießrutenlaufen wurde abgeschafft, die Stockprügel aber gegenüber dem Soldatenstand zweiter Klasse noch angewendet. Die hohe Straffälligkeit der Soldaten ging zurück. Dienstverfehlungen hatten durch die allgemeine Wehrpflicht ohnehin einen anderen Charakter und erforderten eine veränderte Disziplinarpraxis. Die Reformen strebten mit der allgemeinen Wehrpflicht und den anderen Schritten den »Staatsbürger in Uniform« an. Zugleich aber wuchs, als Folge der französischen Revolution, die Furcht vor Massenaufständen. Auch wenn dies bis 1820 nur geringe Folgen zeitigte, wurde es insbesondere beim Militär dennoch berücksichtigt.

Aus dem Stadtgebiet von Berlin klammerte König Friedrich Wilhelm III. im Hinblick auf künftige Entwicklungen einen kleinen Bezirk aus, dessen Grenzen fließend blieben. In ihm lagen Baulichkeiten, die der königlichen Familie als Wohnung dienten. Diese wurden so dem Einfluss der bürgerlichen Stadtverwaltung entzogen. Ein veritabler Schlossbezirk wurde geschaffen, in dem die in der Stadt gelegenen Schlösser und königlichen Immobilien zusammengefasst wurden. Aus ihm entstand über mehrere Jahre ein eigener »Gutsbezirk« rund um das Berliner Schloss, der bis 1920 existierte. Innerhalb dieser eigenständigen Gemeinde waren der preußische König und ab 1871 der deutsche Kaiser Gutsherr; eine Wache sicherte den Gutsbezirk. Die besonderen Sicherungsaufgaben hatte wiederum das Wachlokal zu übernehmen; die Stellung der Königswache veränderte und erweiterte sich damit.

Eine erste, für das Publikum sichtbare Veränderung der Situation um die Alte Wache war die Aufstellung von drei Geschützen aus der Kriegsbeute der Befreiungskriege. Eines davon war eine niederländische Kanone, 1699 von dem Geschützgießer Albert Benningk aus Lübeck für die niederländischen Generalstaaten gegossen, die Napoleon von Delft nach Paris bringen und dort im Invalidenhaus hatte aufstellen lassen. Die Kanone gilt als eines der prunkvollsten Bronzerohre und sollte deshalb nach dem Willen des Prinzen August von Preußen, Chef der preußischen Artillerie, als »(...) immerwährendes Denkmal preußischer Tapferkeit sobald als möglich im hiesigen Zeughause« aufgestellt werden.[31] Das Geschütz traf am 18. Februar 1815 in Berlin ein, der König bezeichnete die geplante Aufstellung als »vaterländische Ehrensache«.[32]

Johann Heinrich Gentz, Entwurf des Prinzessinnenpalais Unter den Linden mit Nebengebäuden, um 1809.

Drei Präsentationsorte wurden in Betracht gezogen: 1. Vor dem Haupttor oder einem Seitentor des Zeughauses, 2. im Lustgarten, oder 3. im Zeughaus selber. Karl Friedrich Schinkel bekam den Auftrag, für alle drei Standorte Vorschläge einzureichen. Er bevorzugte eine Aufstellung an herausragender Stelle im Zeughaus, legte aber auch für die anderen beiden Standorte am 15. Januar 1816 Zeichnungen vor.

Sein Vorschlag für die Aufstellung im Lustgarten ist dabei besonders interessant. Die große Kanone sollte hier auf einem Sockel stehen, flankiert von zwei französischen Bronze-Mörsern, die 1814 in La Fère von preußischen Truppen erobert worden waren. Interessant an der Zeichnung Schinkels ist das Eiserne Kreuz, das die Gitterstäbe ziert, die die Kanonen umgeben. Es war – so die bisherige allgemeine Annahme – jenes Siegeszeichen, das 1815 bei der Rückkehr der von Napoleon 1806 beschlagnahmten Quadriga aus Paris, nach der Wiederaufrichtung auf dem Brandenburger Tor, auf der Parierstange der Göttin nach Schinkels Vorschlag erstmals in künstlerischer Verwendung angebracht worden war.

Ideengeschichtlich war der Verlauf ein anderer. Am 30. November 1813 wandte sich der Geheime Staatsrat Friedrich von Schuckmann, Kultusminister sowie in weiteren Funktionen im preußischen Staatsdienst tätig, an den Staatskanzler, Karl August Fürst von Hardenberg: »Wenn des Königs Majestät mit dem Heer siegreich zurückkehret, so wird der Freude

Friedrich Jügel nach Carl Wilhelm Fiala, Entwurf für ein Denkmal Friedrichs des Großen, Aquantinta, 1806.

etwas fehlen, wenn die Stelle der Siegesgöttin auf dem Thore der Heimkehr leer bleibt. In das Hochgefühl der Auferstehung wird dies eine bittere Erinnerung an die erlittene Erniedrigung – als sei sie nicht vollständig gelöset – ansehen. Höchst wahrscheinlich ist das Kunstwerk durch den Transport zerstört, und aus mehr als einer Ursache wohl nicht zu hoffen, daß man es zurück erhalten könne. Eine bloße Nachbildung würde dem Gefühle immer nur ein matter Ersatz sein. Sollte nicht das eiserne Kreuz, in colossaler Größe am würdigsten diesen Platz einnehmen?« Und weiter: »Zwar möchte der ästhetische Sinn gegen das christliche Kreuz auf dem griechischen Thore sich sträuben, aber mir scheint der historische Sinne habe hier das Uebergewicht, da deßen Bedeutung im Volke nie untergehen wird, und Urenkel so gut wißen werden als wir, warum dem eisernen Kreuze die Stelle der Siegesgöttin gebühre. Auch würde der geniale Schinkel wohl Mittel finden, die Aesthetik zu versöhnen.«[33]

Hardenberg scheint diesen Vorschlag dem König unterbreitet zu haben, denn dieser gab am 9. März 1814 folgende Antwort: »Die mir von Ew. Hochwohlgebohren in Ihrem Schreiben vom 30ten Nov. v. J. mitgetheilte Idee, wie die auf dem Brandenburger Thore ehemals gestandene und von dem Feinde im Jahre 1806 hinweggenommene Siegesgöttin dereinst werde ersetzt werden könnte, bitte ich nach dem Frieden wieder in Erinnerung zu bringen, da es vielleicht noch möglich ist, wieder zum Besitz jenes Kunstwerkes zu gelangen. Sollte dieses fehlschlagen, so behalte ich es mir vor, als dann mit Ew. Hochwohlgebohren über diesen Gegenstand das Weitere zu verabreden.«[34]

Nach dem Einmarsch der Verbündeten in Paris wurde Ende März 1814 klar, dass die Quadriga unzerstört vorhanden war, und am 4. April begann ihr Rücktransport nach Berlin. Am 16. März schrieb Kabinettsrat Ludwig Albrecht aus Paris an Schinkel, dass der König den Wunsch habe, das Tor mit einer vergrößerten Reproduktion des Eisernen Kreuzes, der 1813 vom König gestifteten Kriegsauszeichnung, zu schmücken. Am 12. Juni genehmigte der König den entsprechenden Entwurf Schinkels.[35] Nun tauchte dieser Kriegsorden auch auf dem Gitter auf, das nach dem Vorschlag Schinkels die drei Kanonen umgeben sollte. Das passte offensichtlich dem König – ebenso wie der Standort – nicht. Am 24. Januar 1816 entschied er, dass die Kanonen zwischen Zeughaus und Universität aufgestellt werden sollten. Dabei ist zu beachten, dass die Wohnung des Königs im gegenüberliegenden Kronprinzen-Palais direkten Blick auf diese Aufstellung ermöglichte. In zeitgenössischen Abbildungen wird die Anlage auch »Sieges-Monument« genannt. Der König schaute direkt auf ein damals herausragendes Zeichen des preußischen

Karl Friedrich Schinkel: Entwurf für die Aufstellung erbeuteter Geschütze aus Frankreich im Lustgarten, 1816.

Sieges, aber auch auf ein unschönes Wachgebäude, an dem zwei Verkaufsbuden standen sowie auf einen verlandeten, versumpften Graben. Die Festlegung des Aufstellungsstandorts der Beutekanonen korrespondierte mit einer grundlegenden Order des Königs, die Straße Unter den Linden betreffend. Am 18. März 1816 wies er Finanzminister Graf von Bülow an, Maßnahmen »zur Verschönerung der Straße und Promenade unter den Linden« zu treffen; auf sie wird noch einzugehen sein.[36] Die drei Geschütze wurden in der Nacht vom 27. auf den 28. Juni 1816 vor der Westseite des Zeughauses aufgestellt.

Trotz der zahlreichen Literatur zu Entwicklung und Geschichte der Straße Unter den Linden blieb bisher eine Frage weitgehend unbeantwortet: Gab es einen Plan, ein systematisches Vorgehen zur Verschönerung dieses Straßenzuges in der Regierungszeit Friedrich Wilhelms III.? War eine Betonung des westlich vom Berliner Schloss liegenden Stadtviertels, die seine alltägliche Lebensumwelt betraf, beabsichtigt?

Die vorhandenen Akten belegen, dass es offensichtlich solche planmäßigen Überlegungen zur Verschönerung dieses Stadtteils gab; die zumeist monographische Behandlung der einzelnen Bauwerke entlang der Straße verstellte aber offenbar den Blick auf den Gesamtzusammenhang. Einen ersten Hinweis gibt es, als am 6. April 1812 mit der Reparatur der Figuren auf der Langen Brücke begonnen wurde.[37] Aus Paris folgte dann am 4. Oktober 1815 die königliche Anweisung, »(...) daß bei jeder wesentlichen Veränderung an öffentlichen Gebäuden oder Denkmälern, diejenige Staatsbehörde, welche solche vorzunehmen beabsichtigt, darüber zuvor mit der Oberbau Deputation communiceren, und wenn diese nicht einwilligt, an den Staats Kanzler Fürsten von Hardenberg zur Einholung Meines Befehls, ob die Veränderung vorzunehmen, berichten soll.«[38] Schließlich befahl Friedrich Wilhelm III. am 7. Februar 1816 die Verlegung der Büchsenmacherei, die zwischen Zeughaus und Kupfergraben lag, an einen anderen Ort gegenüber der heutigen Museumsinsel.[39]

Es folgte dann die bereits erwähnte Order vom 18. März 1816, die sich direkt der Straße widmete. Hier legte Friedrich Wilhelm III. die für lange Zeit gültige Gestaltung der Straße fest, und gerade sie ist in der Literatur bisher wenig beachtet worden. Dabei handelt es sich um eine entscheidende Weisung und trägt für diesen Teil Berlins Schlüsselcharakter. Es wird immer wieder darauf verwiesen, dass diese Straße 1647 mit sechs Baumreihen unterschiedlicher Arten angelegt worden ist, aber der Zeitpunkt der Reduzierung auf die heutigen vier Reihen sowie die Festlegung der ausschließlichen Bepflanzung nur mit Linden blieb bisher in der Literatur meist ausgespart.

Bei dieser Ordre sowie weiteren wird Bezug auf eingereichte Pläne oder Zeichnungen genommen, deren Verbleib nicht ermittelt werden konnte, so dass es nicht leicht ist, die Planung im Detail aufzulösen.

Die »Ordre« hat in den entscheidenden Passagen folgenden Wortlaut: »Zur Verschönerung der Straße und Promenade unter den Linden sollen die beyden zunächst den Häusern stehenden Reihen von Bäumen weggenommen und das Straßen Pflaster zu beiden Seiten der Promenade bis an die Häuser soll mit Verlegung der Rinnsteine umgepflastert werden, so daß auf jeder Seite der Promenade zuerst eine Allee zum Reiten bleibt und dann eine breite Straße zum Fahren. Der Ober Bau-Rath Moser hat hiezu in der beykommenden Zeichnung den Plan entworfen. Ich habe die Ausführung der Linie C. C., nach welcher der Rinnstein zunächst an den Häusern ausgemauert und bedeckt verläuft, befohlen und beauftrage Sie demgemäß das Weitere an die betreffende Behörde, unverzüglich, damit die eingetretene günstige Witterung sogleich benutzt wird, zu erlaßen. Die auf der Zeichnung stehenden Laternen Pfähle fallen weg. Den Anschlag des Ober Bauraths Moser, den Sie in der zweyten Anlage erhalten und der auf 39 228 Thlr. 11 Gr. 8 Pfg. abschließt, werden Sie vorschriftsmäßig revidiren laßen und die von Mir zu bewilligende Summe anzeigen. Indem Ich selbige alsdann vorschußweise aus Meiner Chatoulle durch den Geheimen Kabinets Rath Albrecht zahlen laßen will (...). Wegen der Wegnahme der beyden vorerwehnten Baumreihen und wegen Anpflanzung stärkeren Linden statt der gepflanzten jungen Bäume verschiedener Gattung auf der Promenade und in den Seiten Alleen, hat der Oberforstmeister von Schenk die erforderlichen Ordre vorlängst erhalten.«[40]

Friedrich August Calau, Das Siegesmonument am Zeughause, Kupferstich, 1815. Aufstellung der in den Befreiungskriegen erbeuteten französischen Kanonen zwischen Neuer Wache und Zeughaus.

Die Weisung an den Oberforstmeister konnte bisher nicht ermittelt werden. Aber am 30. Juni 1816 folgten weitere, detaillierte Anweisungen: »Ich habe zur Verschönerung der Straße als Promenade unter den Linden beschlossen, die beyden zunächst den Häusern stehenden Reihen von Bäumen wegzunehmen und statt der vielen zu jungen Bäume die seit etlichen Jahren in den vier übrigen Reihen angepflanzt sind, stärkere Lindenbäume von schönstem Wuchs pflanzen zulassen. Meine Absicht ist zwar, alle Bäume in dieser Straße, die nicht Linden sind, durch Lindenbäume zu ersetzen, da indessen einige der in neueren Zeiten angepflanzten anderer Gattung schon zu stark und hoch geworden sind, als daß sie durch ebenso starke Lindenbäume, ohne Besorgniß des Ausgehens derselben, angesetzt werden könnten, so mögen diese stärkeren Bäume anderer Gattung schon bleiben, alle übrigen Bäume aber, die nicht wenigstens 3 Zoll im Durchmaße stark sind, ohne Unterschied, ob es Linden oder Bäume anderer Gattung sind, müssen weggenommen und statt ihrer stärkere Linden, mit der möglichen Absicht, damit sie anwachsen, angepflanzt werden. Wenn unter den alten Linden der ersten oder sechsten Reihe, die weggenommen werden sollen, sich welche finden, die noch verpflanzt werden können, solches mit der erforderlichen Vorsicht geschieht, so sind diese hierzu anzuwenden, sonst aber andere, so stark als möglich, anzuschaffen.«[41] Aus dieser Order ist zu schließen, dass es bereits vorher einen Auftrag an den Oberbaurat Friedrich Moser gegeben hat, der nun nach der Revision durch den König verwirklicht werden sollte.

Bereits am 2. April 1816 hatte der König dem Finanzminister betreffend der Bauaufgaben des Jahres 1816 in diesem Stadtbereich und betreffend Finanzfragen Anweisung erteilt, wobei auch erstmalig der Neubau der Wache erwähnt wird: »Ich habe befohlen, daß die Opern Brücke abgetragen, und der unter derselben befindliche Canal bis auf einen zu überwölbenden Theil seiner jetzigen Weite ausgefüllt, auch statt der jetzigen Wache am Zeughause ein neues Wachhaus erbaut werden soll.«[42] Wichtig ist dabei, dass der König bereit war, die Kosten für die Arbeiten vorschussweise aus seiner persönlichen Schatulle zu bezahlen. Daher folgte dann am gleichen Tage die entsprechende Mitteilung an die Kassen: »Sr. Majestät wollten, wie ich Euer Wohlgeb. bereits mündlich mitgetheilt habe, die Kosten für den bey der Opernbrücke und den unter derselben fortlaufenden Graben so wie mehrerer anderer Bauten in Berlin einstweilen aus der Chatoulle vorschießen (…)«, ein eindeutiger Beleg für das große persönliche Interesse des Königs am schnellen Fortgang der Arbeiten.[43] Zur gleichen Zeit sollte für die vergrößerte Garnison des Gutsbezirks rund ums Schloss eine neue

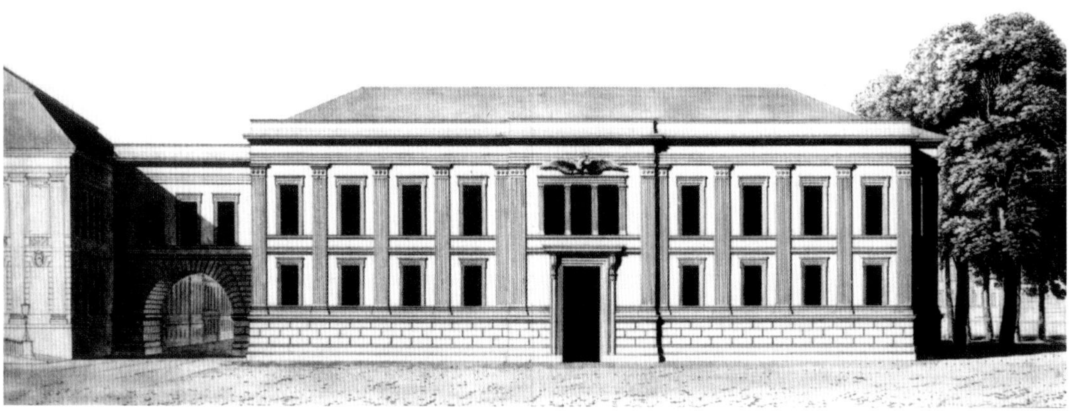

Karl Friedrich Schinkel, Entwurf zum Umbau des Prinzessinnenpalais, 1809.

Hauptwache errichtet werden. Die zahlreichen vorhandenen Wachlokale der einzelnen Berliner Regimenter wurden zu Nebenwachen erklärt. Leitende Hauptwache wurde das Wachlokal, das in keiner Kaserne stand. In Berlin war es die Königswache, die nun zugleich Sitz der zentralen Berliner Garnisons behörden, also des jeweiligen diensthabenden Offiziers der Garnison, wurde, der dem Kommandanten in der gegenüberliegenden »Kommandantur« unterstand. Diesem Zweck und den veränderten Gegebenheiten entsprechend war das alte Wachgebäude zu klein und zu wenig repräsentativ in einer insgesamt heruntergekommenen Stadtecke.

Mit dem Auftrag an den Geheimen Oberbaurat im Preußischen Finanzministerium, Karl Friedrich Schinkel, war zugleich die Forderung verbunden, alle gesellschaftlichen, militärischen und künstlerischen Komponenten in einem Bau von architektonischer Qualität und hohem Rang zu vereinen. Deutlich wird aber auch, dass hier eine Gestaltungsabsicht des Königs vorlag, der in seiner Residenz, Regierungssitz des wieder in den Kreis der europäischen Großmächte aufgestiegenen preußischen Staates, das Stadtbild im zentralen Bereich neu gestalten wollte. Wir können also davon ausgehen, dass es einen umfassenden Gesamtgestaltungsplan für die zentrale Gegend der Stadt gab.[44]

Im Mittelpunkt des königlichen Interesses stand zunächst vor allem der Bau der neuen Brücke. In der Order hieß es dazu: »(...) und der beygefügte Anschlag ergibt die in dem jetzt laufenden Jahre davon auszuführenden Arbeiten dahin, daß die Opern Brücke abgetragen, der Canal von der Fronte des neuen Anbaus an Meinem Palais ab bis 16. Fuß hinter dem neuen Wach Gebäude überwölbt und ausgefüllt, und das Fundament des neuen Wachgebäudes gelegt werden soll. Die zu diesen Arbeiten erforderlichen Kosten betragen 54 117 Thlr. 12 Sgr. 5 Pfg. welche Ich vorschußweise aus Meiner Chatoulle zahlen laßen.« Die Weisung spezifiziert dann überwiegend die Räumung des Grabens und den Bau der Brücke.

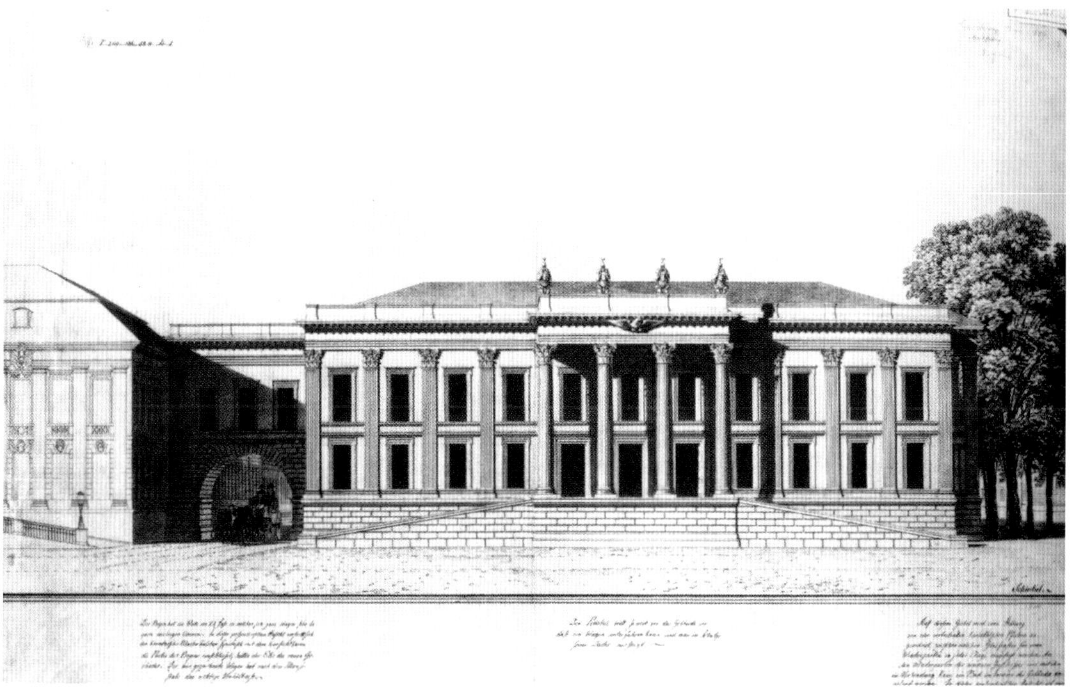

Karl Friedrich Schinkel, Prinzessinnenpalais, Erweiterung des Baus, Nordflügel 1809.

(rechte Seite)
Karl Friedrich Schinkel, Entwurf für den Standort der Neuen Wache sowie der Denkmäler für die Generäle der Befreiungskriege. Östlich des Wachgebäudes der Standort der erbeuteten französischen Kanonen. Sichtbar die Veränderung der Stellung der Neuen Wache durch König Friedrich Wilhelm III.; der Neubau der Schlossbrücke ist bereits eingezeichnet.

Ebenfalls an diesem April-Tag 1816 erging der Auftrag an Schinkel, einen Entwurf für das neue Wachgebäude vorzulegen.[45] Es sollte die Alte Wache ersetzen, und stellte den ersten öffentlichen Bau des Staates nach den Befreiungskriegen dar. Aufgabenstellung und Platz warfen für Schinkel schwer lösbare Probleme auf, stand der Auftrag doch in erheblichem Widerspruch zu den vorhandenen finanziellen Mitteln Preußens nach dem Kriegsende 1815. Einige erhaltene Vorentwürfe stammen aus demselben Jahr.

Die erste Überlegung Schinkels setzte die Wache in den Hintergrund des zu gestaltenden Raumes, fast neben das Haus des Finanzministers (heute Palais am Festungsgraben). Zum Wachgebäude sollte eine »Promenade unter Bäumen« hinführen. Dementsprechend legte Schinkel besonderen Wert auf die Gestaltung der Vorderfront. Die Lage des Gebäudes war intim und korrespondierte nicht mit den öffentlichen Gebäuden der Umgebung. Die für diese Variante gefundene Lösung erinnerte an römische Triumphbögen, Größe und Macht verkörpernd. Aber ein derartiger Standort widersprach der militärischen Funktion, der Bewachung des königlichen Palais', und wurde daher abgelehnt.

Im Juni 1816 folgte ein zweiter Entwurf. Das Wachgebäude stand hier direkt an der Straßenfront und korrespondierte nun mit den Bauten der Umgebung. War die Positionierung der Alten Wache vom Verlauf der Festungsmauern vorgegeben gewesen, so rückte Schinkel seinen Bau nun in die Mitte zwischen dem damals noch vorhandenen, in der Nähe des Universitätsgebäudes liegenden Graben und der Oberwallstraße. Hier geriet er in Konkurrenz zu den vorhandenen Gebäuden, denn seinem Entwurf zufolge sollte der Bau von allen Seiten frei sichtbar sein. Die Schauseite musste also mit dem dahinter liegenden Zweckbau zu einer Einheit verbunden werden. Vorgelegte Zwischenstufen brachten keine Lösung, da sie den militärischen Charakter verwischten. Die Funktion aber erforderte bereits im Äußeren Abweisendes, vielleicht sogar Trutziges.

Schinkel musste bei seinen weiteren Überlegungen folgende zwingend vorgeschriebene Prämissen beachten: »Die Wachstuben müssen an der Vorderseite des Gebäudes im Erdgeschoß gelegen sein; die Thüren derselben sollen so angeordnet sein, daß Offiziere und Mannschaft schnellstens und ohne Umwege auf den Vorplatz gelangen können. Die Wachgebäude sind massiv zu erbauen. In der Regel ist im Wachgebäude vor der Wachstube eine geräumige Halle anzubringen, in welcher die Gewehre, vor Nässe geschützt, aufbewahrt werden können. Ist das Einbauen einer solchen Halle unthulich, so soll das Dach des Hauses wenigstens 1 m vor die Frontmauer vorspringen, um einen geschützten Raum zu schaffen. Der Waffenplatz vor der Wache wird mit einem eisernen Gitter umgeben. Wo es üblich ist, auf diesem Platze Gewehrstützen anzubringen, soll zwischen der Linie derselben und der Front des Gebäudes ein 2,5 bis 3,0 m breiter freier Gang verbleiben. Jedem Wachgebäude ist womöglich ein kleiner Hof beizugeben, auf welchem Brennstoff abgeladen und zerkleinert werden kann.«[46] Bereits zu Zeiten Schinkels waren diese Forderungen seitens der Militärbehörden allgemein verbindlich.

Im März 1817 lagen die Pläne zur Genehmigung vor. Der Auftrag zum Bau mit dem »Charakter eines Monumentes« wurde sofort erteilt und 72 000 Taler bereitgestellt. Der alte Festungsgraben erhielt eine Wölbung und die Grundmauern der Wache wurden errichtet. Die Ausführung des Baus lag in den Händen der Regierung Berlins, die den Baubeamten Johann Georg Moser damit beauftragte, so die Literatur. Die Angabe über den Bau der Grundmauer muss jedoch

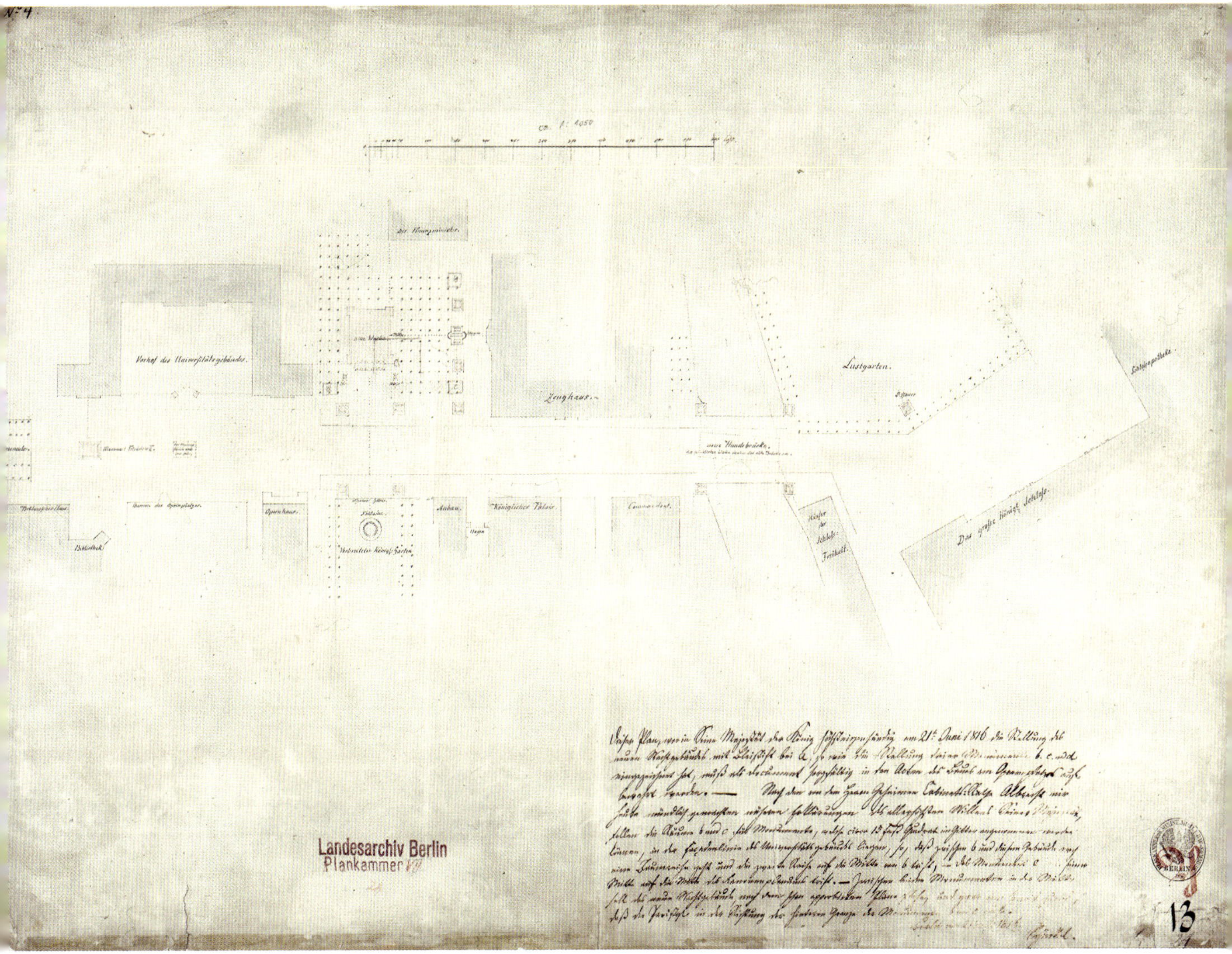

bezweifelt werden, da der endgütige Standort damals noch nicht festgelegt war. Nicht datiert werden konnte die Festlegung, dass »schon 1816 »(...) der Plan zur Aufstellung zweier Mamorstandbilder der Generäle Gerhard David von Scharnhorst (gestorben 1813) und Friedrich Wilhelm Graf von Bülow von Dennewitz (gestorben 1816) vor dem Wachgebäude gefaßt worden (...).«[47]

Festgehalten werden muss: Die Idee, Denkmäler verdienter Persönlichkeiten – damals vor allem Generäle – aufzustellen, folgte einerseits dem Gedanken von Gentz, war aber auf der anderen Seite – ebenfalls für diesen Zeitpunkt – aufrührerisch, denn damit war der König gezwungen, den Ruhm dieses Sieges zu teilen. Friedrich Wilhelm III. galt zu Recht als schwacher König, was damals zu Unmut führte, er musste dem Wunsch nach Aufstellung der Generalsstatuen nachgeben. Nicht er wurde an diesem Ort geehrt, sondern die Militärs, die den Sieg errungen hatten.

Schinkels oben erwähnter zweiter Entwurf für das Wachgebäude vom Juni 1816 trägt einen für die Gestaltung des Gebäudes wichtigen Vermerk von der Hand Schinkels: »Der Plan dieses ringsum ganz freiliegenden Gebäudes ist einem römischen Castrum ungefähr nachgeformt, deshalb die vier festeren Ecktürme und der innere Hof. Letzteres ist nützlich, um die Ökonomie gegen den ringsum leeren Platz zu verbergen, auch nimmt er den Abfall sämtlicher Bedachungen auf, und führt das Regenwasser von den Dächer unmittelbar in den, unter dem Gebäude fortlaufenden, überwölbten Kanal.«

Der Plan zeigt die von Schinkel vorgesehene städtebauliche Einbindung des Vorhabens in seine unmittelbare Umgebung. Die Darstellung reicht von der Universität im Westen bis zum Lustgarten im Osten. Die Schlossbrücke ist schon in ihrer später ausgeführten Breite abgebildet. Im Garten des Kronprinzessinnen-Palais' plante Schinkel einen Springbrunnen.

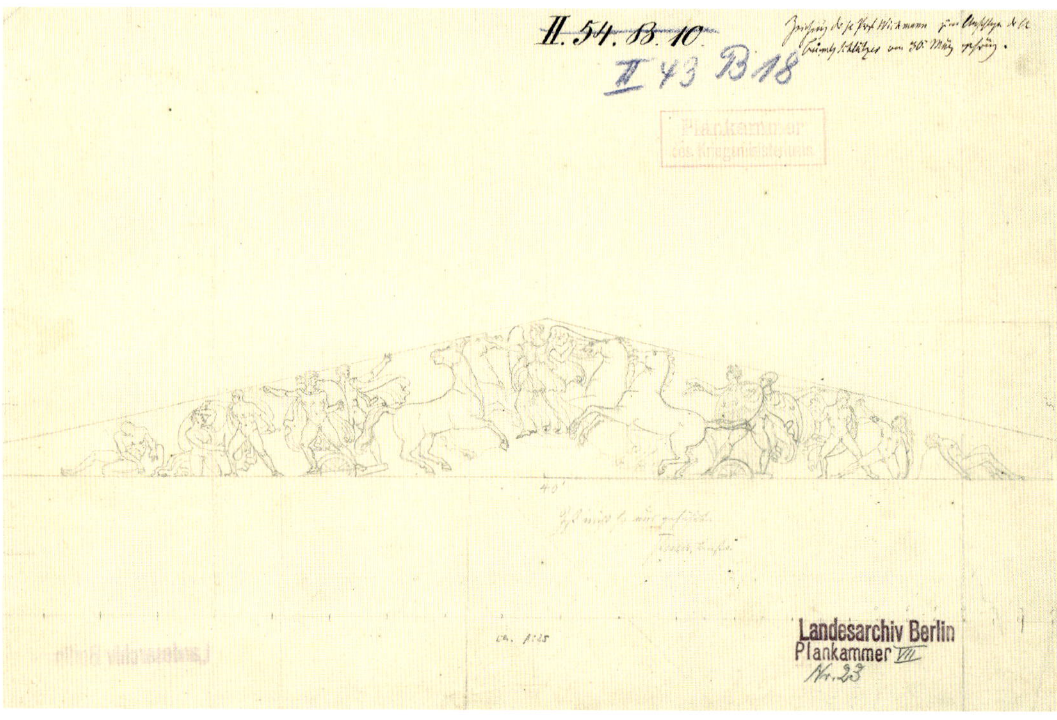

Prof. Wichmann, Zeichnung für das Giebeldreieck an der Neuen Wache.

Das neue Wachgebäude lag noch zurückgesetzt im Kastanienwäldchen. Eingezeichnet war auch der Standort des »Sieges-Monuments« am Westportal des Zeughauses. Schinkel schlug vor, insgesamt fünf Denkmäler um die Wache zu gruppieren. Diese Details lehnte der König ab, wies der Wache einen Standort mittig im Kastanienwäldchen zu und strich zwei der fünf Standbilder. Zwei der drei verbliebenen positionierte er in direkter Linie zur Front des Universitätsgebäudes, das dritte rückte weit nach hinten an das nun als Finanzministerium genutzte »Hotel Donner« (Palais am Festungsgraben) heran.

Es bleibt die Feststellung, dass der Entwurf Schinkels diese fünf Denkmäler beinhaltete, sie Teil seiner Idee waren. Dahinter stand zum einen als Orientierungspunkt der Vorschlag von Gentz, zum andern der neue Gedanke, dass nicht der König allein die Geschicke des Staates und des Krieges gegen Frankreich gelenkt hatte, sondern dass er das verdienstvollen Männern verdankte. Dies kam einer Fronde gleich, die nach der französischen Revolution die alleinige Darstellung des Herrschers gedanklich infrage gestellt hatte; der Weg vom Untertan zum Bürger zeichnete sich in ersten Umrissen ab.

Schinkel hielt an seinem Plan fest: »Dieser Plan, worin Seine Majestät der König höchsteigenhändig am 21. Juni 1816 die Stellung des neuen Wachgebäudes mit Bleistift bei a, so wie die Stellung dreier Monumente b, c, und d eingezeichnet hat, muß als document sorgfältig in den Acten des Baues am Opernplatz

Karl Friedrich Schinkel, früherer Entwurf zum neuen Wachtgebäude in Berlin.

aufbewahrt werden.« Hier sei angemerkt, dass die Alte und dann später Neue Wache bis 1913 mit der Adresse »Opernplatz« bezeichnet wurden. Im Herbst 1816, nach Berücksichtigung von Änderungswünschen des Königs, konnte der endgültige Standort festgelegt werden; damit lag dann der verbindliche Plan für Position und Form des Wachgebäudes sowie der zwei Denkmäler vor, der dann ausgeführt wurde.

Inzwischen war auch die Entscheidung über die Form des Wachgebäudes gefallen. Aus einer Beschreibung des Lagers und des Palastes von Kaiser Diokletian in Split hatte Schinkel den Gedanken eines römischen *castrums* gewonnen, also eines befestigten Lagers für die Wache. Er folgte damit dem eigentlichen Zweck des Gebäudes, nämlich Unterkunft für eine Mannschaft zu sein, die den König zu schützen hatte. Ohne funktionalistisch zu wirken, wird in der äußeren Ansicht die Gebäudefunktion zur »Verteidigung« oder zum »Schutz« erkennbar. Aus dieser Ableitungskette erklären sich die trutzigen Ecktürme an dem ringsum frei stehenden Gebäude. Vor dem geschlossenen Gebäudekern erhebt sich die Vorhalle. Der Gegensatz zwischen der offenen Halle und dem hermetischen Hauptbau bestimmt den Charakter des Bauwerks. Drei Elemente, jeweils einen Bauteil gestaltend, prägen gemeinsam die Tektonik des Bauwerkes. Das erste Element – der Hauptbau – umgeben die Ecktürme als zweites. Die Vorhalle zur Aufbewahrung der Gewehre erweitert den Bau nochmals um ein drittes Element: ein Grundmuster der Gestaltung klassizistischer Bauten, das Schinkel am Schauspielhaus am

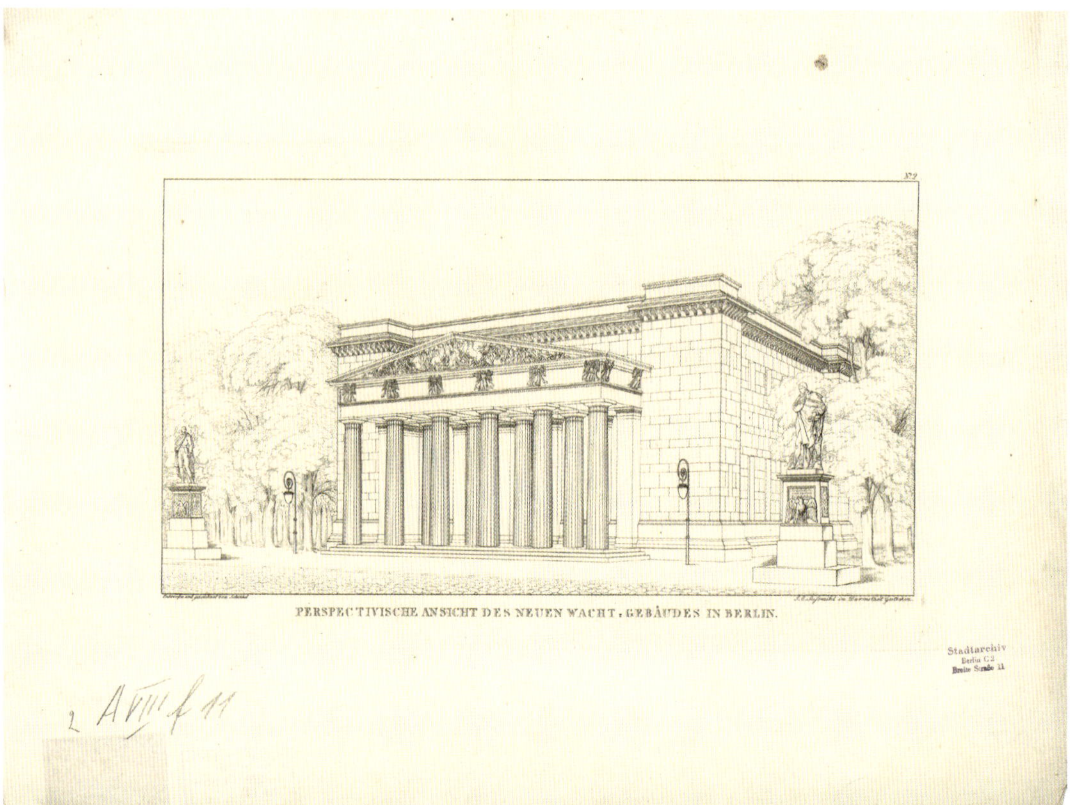

Karl Friedrich Schinkel, Perspektivische Ansicht des neuen Wachtgebäudes in Berlin.

Gendarmenmarkt wiederholte. Wenig später wurde hierfür innerhalb der Gestalttheorie – zurückgehend auf Aristoteles – die passende These formuliert, der zufolge das Ganze mehr als die Summe der Einzelteile ist.

Die Ausführung des Entwurfs ließ auf sich warten, denn es entwickelten sich nun Auseinandersetzungen wegen der Wölbung der Brücke und der Beseitigung der Buden neben der Alten Wache. Am 19. September 1816 schrieb Friedrich Wilhelm III. aus Teplitz an den Finanzminister: »Aus dem Zeitungs Bericht der Regierung vom 12ten d. M. ersehe Ich zu Meinem höchsten Missfallen, daß die Wölbung über dem Canal am Opernhause höher angelegt ist, als die Straße mit welcher sie befohlenermaßen gleichen Schritt halten sollte. Ein solcher Verstoß der anordenden oder ausführenden Behörte ist kaum denkbar. Ich werde nach Meiner Rückkunft Selbst sehen, was geschehen ist, und den oder denjenigen, die es zu vertreten haben, Meinen ganzen Unwillen fühlen lassen.«[48]

Am 29. September erfolgte Order an den Finanzminister: »Ich habe, wie Sie aus der Anlage ersehen, der Regierung zu Berlin bereits Meinen Unwillen darüber zu erkennen gegeben, daß der Bogen über dem verengten Canal am Opernhause zu hoch gewölbt ist, und die Fortsetzung dieses Baues ist deshalb sistirt worden. Bey Meiner gestrigen Anwesenheit in Berlin habe Ich Selbst gesehen, daß diese Wölbung nicht bleiben und nicht fortgesetzt werden kann, und Ich beauftrage Sie daher, von der Geheimen Ober-Bau-Deputation angemessenen Vorschlag zu erfordern, wie auf die leichteste Art dem abzuhelfen und dahin zu gelangen sey, daß die Bedeckung des Canals mit dem Straßen-Pflaster, wie auf der Jäger und Mohren Brücke, gleichen Schritt halte, und diesen Vorschlag mit Ihrem Bericht zu Meiner weiteren Entschließung einzureichen.«[49]

Die Forderung des Königs lief darauf hinaus, dass die Straßenfläche auf der Brücke in einer Ebene mit den angrenzenden Straßenteilen liegen sollte, ohne Erhöhung über der Wölbung, die den darunter liegenden Kanal überspannte. Der König äußerte »Unwillen«, und es bleibt die Frage, wie eigentlich die Aufgabenstellung war bzw. ob der König dem Architekten seinen Wunsch nicht deutlich genug gemacht habe. Wir wissen es nicht, aus dem geäußerten »Unwillen« wird deutlich, dass er eine weitere, umfassendere Absicht in dieser Stadtgegend verfolgte, die über den Bau der Wache hinausging. Zunächst wurde der Weiterbau eingestellt.

Der Finanzminister wies am 2. Oktober 1816 die Oberbaudeputation an, einen angemessenen Vorschlag auszuarbeiten, »(…) wie auf die leichteste Art dem abzuhelfen und dahin zu gelangen sey, daß der Bedeckung des Kanals mit dem Straßenpflaster, wie auf der Jäger und Mohren Brücke gleichen Schritt halte. Die Königl. Oberbaudeputation erhält daher die Aufforderung, diesen Gegenstand schleunig einer sorgfältigen Prüfung zu unterziehen, den Vorschlag in verbemelter Art mit Zeichnungen ab, auch mit welchen Änderungen und Mehrausgaben der neue Vorschlag verbunden, überall so vollständig anzugeben, daß Sr. K. M. die Sache vollständig vorgelegt werden kann.«[50]

Der geforderte Bericht lag wenig später vor, die Architekten verwiesen auf die langsame Fließgeschwindigkeit des Grabens und auf seinen Zusammenhang mit anderen wasserbautechnischen Einrichtungen der unmittelbaren Umgebung. Als Lösung schlugen sie die weitere Verengung und vor allem die Vertiefung des Grabens vor; das verursachte Mehrkosten. Der darüber informierte König gab am 10. Oktober Order an den Finanzminister: »Auf Ihren Bericht vom 6ten d. M. beauftrage Ich Sie, die Erniederung der Canal-Wölbung am Opernhause in der von Ihnen vorgeschlagenen Art bewürken zu laßen, indem Ich die nach Ihrem Bericht vom 8ten d. M. dazu erforderliche Summe von Zweytausend Einhundert Acht und Fünfzig Thaler 21 Gr. 8 Pfg. hiermit bewillige.«[51]

Auch der Abbruch der beiden Verkaufsbuden, die auf dem Gelände standen, stellte sich als sehr langwierig heraus. Am 31. März 1817 berichtete Baurat Moser: »Nach dem ersten Plan zum Bau des Wachtgebäudes sollten die beiden Budenbesitzer

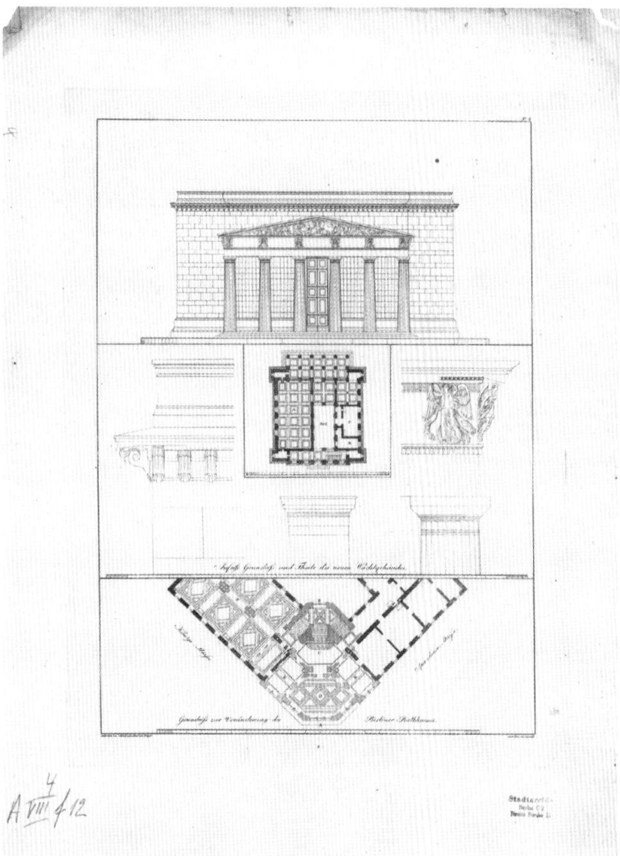

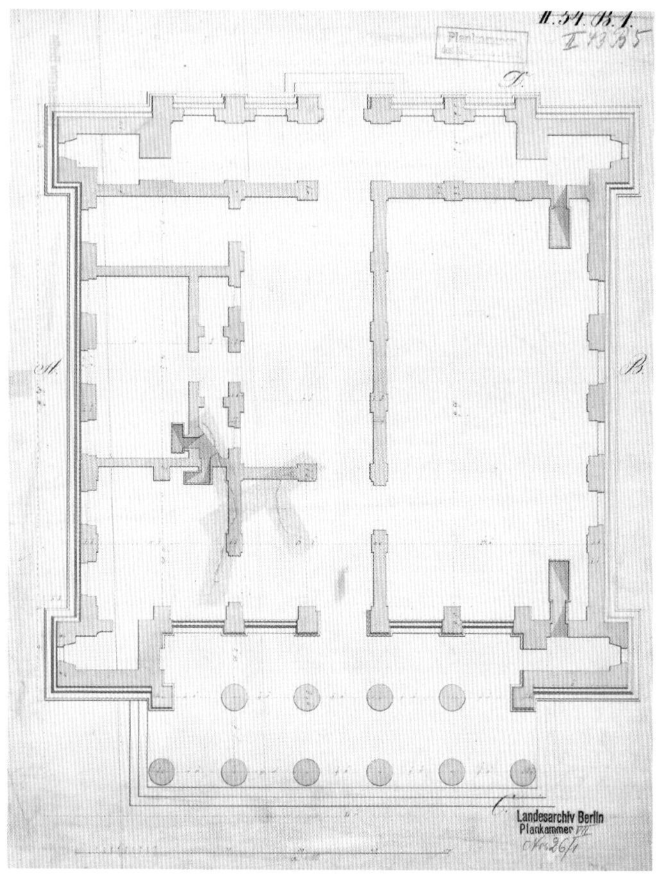

neben der alten Wache, in dem neuen Wachthause, wieder ihre Wohnung erhalten. Da Seine Majestät besonders eine Verschönerung der Gegend um das neue Wachtgebäude beabsichtigen, der zugefüllte Theil vom Graben bepflanzt und zu einer öffentlichen Promenade dienen soll, so würden die Wirthschaften (...)« nun doch stören.[52]

Dabei bezog sich Moser auf eine bislang nicht gefundene Festlegung des Königs vom 7. März 1816 an Budenbesitzer Bierschenker Hahn, »(...) da bei dem Bau der neuen Wache auf eine Wohnung für ihn bereits Bedacht genommen sey«.[53] Das wird sich vermutlich aber nicht auf eine Wohnung im Wachgebäude bezogen haben, sondern auf einen dritten Standort. Gegen die nun folgende Weisung vom 13. April 1817, dass die Buden endgültig abzureißen seien, erhob sich Protest, und es musste recherchiert werden, wie es um diese Dinge stand, denn der König hatte sich offenbar unüberlegt festgelegt. Die zweite Bude gehörte dem »Tabagisten und Victualienhändler« Pielack, der sie 1808 für 1 250 Taler gekauft hatte.[54] Die erste dem bereits erwähnten Hahn, der sie am 22. November 1814 für 2 400 Taler gekauft hatte. Für diese Bude musste er einen jährlichen »Canon« (Steuer) von 20 Talern an die Kasse des Gouvernements zahlen.[55]

Mit Bezug auf die Festlegung des Königs schlug Hahn am 8. September 1816 vor, ihm eine Entschädigung von 2 000 Talern zu zahlen und ihm das alte Wachgebäude zu überlassen, damit »(...) derselbe die Materialien zu seinem Gebrauch verwenden kann. Das Abbrechen wolle er auf eigene Kosten bewirken sowie einen Schuppen mit dem Platz in der Georgenstraße, wo jetzt die Feldsteine bearbeitet werden, erb und eigenthümlich (...)« geschenkt erhalten.[56]

Den Platz erhielt er nicht, er forderte daher nun 4 000 Taler, dann 3 000, und erhielt schließlich 2 500, der Victualienhändler 1 000 Taler. Allerdings erhielten beide einen neuen Standort für ihre Unternehmungen. Am 9. März 1817 gingen noch Einwendungen gegen die drei Stufen am Gebäude ein, die »(...) zwar eine Zierde seien, aber beim Heraustreten der Wache (...)« Unbequemlichkeiten mit sich brächten.[57] Am 31. März lag dann der endgültige Kostenvoranschlag des Baurats Moser vor, der sich auf 67 506 Tl., 11 Sgr. und 2 Pfg. belief.[58]

Nach der Regelung dieser Angelegenheit erging am 31. Mai 1817 die *Allerhöchste Kabinetts Order* an den Finanzminister mit der Genehmigung zum Bau der Neuen Wache: »Auf Ihren Bericht vom 9ten v. M. genehmige Ich den Bau des neuen Wachtgebäudes nach den von dem Geheimen Ober Bau Rath Schinkel ausgearbeiteten, hierneben zurückgehenden 4. Zeichnungen, und dem hier ebenfalls wieder beigefügten Kosten-Anschlage, bewillige auch die für die

(linke Seite links)
Karl Friedrich Schinkel, Aufriss, Grundriss und Teile des neuen Wachtgebäudes in Berlin.

(linke Seite rechts)
Plan der inneren Aufteilung der Neuen Wache, östlich die Mannschaftsstube, westlich ein kleines Zimmer für den Offizier sowie weitere Funktionsräume, darunter die Wachstube, undatiert.

Zeichnungen erforderlichen auf 71 Thlr. 13 Sgr. und 6 Pfg. ermittelte Summe aus Meiner Chatoulle. Die drei Stufen unter den Säulen des Portikus dürfen, weil sie eine wesentliche Zierde des Gebäudes sind, nicht wegbleiben, indem die angezeigte Unbequemlichkeit bei Tage gar nicht zu besorgen ist, bei Nacht aber demselben durch eine zweckmäßige Erleuchtung abgeholfen werden kann. Eben so wenig bedarf es der Anfertigung eines Modells, da Ich von dem Ausbau des Äußeren des Gebäudes durch die vorgelegten Zeichnungen eine vollkommene Uebersicht erhalten habe, vielmehr ist jetzt mit der Ausführung des Baues sogleich vorzugehen.«[59]

Ursprünglich hatte Schinkel eine etwas andere Version der Vorhalle entworfen, die von quadratischen Pfeilern getragen wurde, über denen jeweils der Kopf eines Kriegers thronte. Die Ecktürme hatten im Entwurf in Kupfer getriebene Trophäen als Krönung erhalten. Diese waren auch in den Ausführungsplänen noch enthalten, wurden aber schließlich aus Kostengründen nicht ausgeführt. Mehrmals mühte sich Schinkel, das Geld dafür zu erhalten, maß er dem für »Gestalt und Vollendung« doch große Bedeutung zu. Aber 1818 beschieden die Behörden deren Ausführung endgültig abschlägig. Ein weiterer Gedanke Schinkels schlug sich im Entwurf eines Zinnenkranzes für das Wachgebäude nieder, um mit dem Abschluss des Bauwerkes nach oben seine Wehrhaftigkeit zu demonstrieren. Im Ausführungsentwurf ließ er ihn wieder fallen und wandelte die Pfeiler der Vorhalle in dorische Säulen um.

Einige weitere Änderungen betrafen beispielsweise die Verkürzung des Baues in der Tiefe, da geplante Läden und Wohnungen wegfielen. Aus Sparsamkeitsgründen verzichtete der König auch auf die Ausführung in Werkstein bei den architektonisch weniger wichtigen Teilen. Anfang 1818 starb der mit der Ausführung beauftragte Baubeamte Johann Georg Moser. Sein Nachfolger, der Architekt Gottlieb Schlaetzer, erhielt die Weisung, den Bau bis zum September des Jahres abzuschließen. Diese Frist konnte eingehalten werden, allerdings blieben die wichtigsten Bildhauerarbeiten unausgeführt. Bis September 1818 erhielt das Bauwerk lediglich seine zehn Viktorien, die zur Erinnerung an den Befreiungskrieg gegen Napoleon gefertigt wurden.

Schinkels Anliegen war es, durch diesen plastischen Schmuck der Neuen Wache ein Erinnerungszeichen an die Zeit von 1806 bis 1815 zu schaffen. Die zehn schwebenden Viktorien von Schadows Hand ergänzte ein Basrelief, das Schinkel als Kampfszene verstanden wissen wollte: »(…) eine Victoria entscheidet in der Mitte für den rechts kämpfenden Helden, links ist dargestellt: letzte Anstrengung, Aufmunterung zum Kampf, Flucht, Raub und Schmerz der Familie, die ihr Schicksal erwartet; rechts sieht

(rechte Seite)
Franz Krüger, Parade auf dem Opernplatz in Berlin, Öl auf Leinwand, 1829/1830.

man Überwältigung und Trauer um einen gefallenen Helden.« Feine Unterschiede kennzeichnen Sieger und Besiegte. Letztere zeigen heftige Gefühle der Trauer, der Untergang wird durch ein Moment der Grausamkeit (ein Krieger schleift eine Frau an den Haaren fort) charakterisiert. Auch die Sieger sind voll Trauer um den gefallenen Helden, ihre seelischen und körperlichen Bewegungen sind aber edler.

Der erste Entwurf Schadows sah eine Ausführung des Reliefs in Sandstein vor. Auf der Suche nach vom König gewünschten preiswerteren Varianten folgten Vorschläge, das Bildnis in Metallguss bzw. als Gipsmodell auszuführen. Doch keine dieser Varianten vermochte zu überzeugen, die Realisierung unterblieb zu Lebzeiten Schinkels aus Geldmangel. Erst als sich Peter von Cornelius, Christian Daniel Rauch und Friedrich August Stüler in einem Gutachten für das Giebelfeld einsetzten, erfolgte von 1844 bis 1846 durch August Kiß der Guss in Zink, der aber letztlich nicht ganz den Vorstellungen Schinkels entsprach.

Am 18. September 1818 fand, als Einweihungsfeier gedacht, der erste Große Wachaufzug vor der Neuen Wache anlässlich des Besuchs des Zaren Alexander von Russland statt. Mit klingendem Spiel zog das Grenadier-Regiment Kaiser Alexander (ab 1860 dann Garde-Grenadier-Regiment Kaiser Alexander I. von Russland, Nr. 1.) am Zaren vorbei, der Chef des Regiments war. Das war der Beginn dieser militärischen Parade-Tradition.

Am 11. Dezember 1818 lag die Endabrechnung für die »baulichen Anordnungen am Opern Platze« – so wurde das Vorhaben in den Akten benannt – vor. Sie belief sich auf 199 828 Taler, 16 Groschen und 9 Pfennige, die der König aus seiner Privatschatulle beglich.[60] Entstanden war als Werk von Architekten verschiedener Generationen ein außergewöhnlicher Stadtraum europäischer Qualität. Das Gebäude der Neuen Wache stellte und stellt eine Perle im Kreis der Bauten dar, die diese zugleich miteinander verband. Seine architektonische Qualität hat der Ort bis in die Gegenwart bewahrt. Die Gestaltung eines preußischen Staatsraums im Stadtzentrum Berlins hatte mit den Arbeiten Schinkels seinen weitgehenden Abschluss gefunden, und die Paradebilder Krügers hielten dies im Bild fest.

Die Neue Wache bis 1918

Kapitel 4

Der sonst so spöttische Heinrich Heine schrieb in seinem ersten Brief aus Berlin (1822) über das sich nun zeigende Stadtbild: » Wirklich, ich kenne keinen imposanteren Anblick, als vor der Hundebrücke stehend [heute Schloßbrücke, der Verf.], nach den Linden hinaufzusehen. Rechts das hohe, prächtige Zeughaus, das neue Wachthaus, die Universität und Akademie. Links das königliche Palais, das Opernhaus, die Bibliothek usw. Hier drängt sich Prachtgebäude an Prachtgebäude.«[61]

Der neuentstandene, außergewöhnliche Stadtraum rund um die Neue Wache blieb ein Torso, denn weitere Arbeiten (beispielsweise die Erweiterung des Prinzessinnenpalais) wurden eingestellt, als am 29. Juli 1817 das Nationaltheater am Gendarmenmarkt bis auf die Grundmauern abbrannte.[62] Gerade dieses Haus war ein bevorzugter Bau des Königs gewesen, für dessen Realisierung er sich, auch unter Anwendung ungewöhnlicher Finanzierungsmodelle, eingesetzt hatte.[63] Der Wiederaufbau durch Karl Friedrich Schinkel beanspruchte die Staatsfinanzen. Weitere Projekte, wie beispielsweise das von Schinkel konzipierte Denkmal für Friedrich den Großen, wurden auf die lange Bank geschoben.

Das weitläufige Gelände um die Neue Wache bot sich als Raum für staatliche Repräsentation geradezu an. Der Wachaufzug stellte in der Biedermeierzeit ein besonderes, täglich wiederkehrendes Ereignis von starker Öffentlichkeitswirkung dar. Wir besitzen aus dem Jahre 1840 eine lebendige, humoristische Schilderung: »Die Wachtparade ist das tägliche Brot für alte Pensionäre, in Ruhestand versetzte Beamte und die zahllose Schar der kleinen Rentiers, deren geringes Einkommen ihnen den Genuß kostspieliger Vergnügen verbietet. Ihnen ist die Wachtparade so unentbehrlich wie Luft und Licht (...) und sie halten den Tag

Ansicht der neuen Wache und des Zeughauses zu Berlin, anonym, Radierung, um 1820.

für verloren, an dem sie ihr nicht beigewohnet.«[64] Die täglich wechselnden Regimenter kamen in der Regel aus dem Osten der Stadt und zogen durch die heutige Rathausstraße, am Schloss, der Schlossfreiheit und dann über die Schlossbrücke und am Zeughaus vorbei. Dem Bericht können wir noch folgende Charakteristika des Ortes entnehmen: »Der gute alte König (...) stand fast täglich am Fenster, wenn die Wachtparade vorbeimarschierte; als er aber krank und immer kränker ward und nicht mehr vermochte, sich von seinem Lager zu erheben und die Musik in der Nähe des Palais schwieg, da befahl er, daß die Wachtparade nach wie vor mit klingendem Spiel bei ihm vorbeiziehen solle (...).«[65]

Die Bilder dieser Zeit zeigen die neu gewonnene Platzanlage, innerhalb derer der Staat sein Gepränge entfalten konnte. Insbesondere die Paradebilder von Franz Krüger illustrieren das sehr deutlich. Das erste Bild, *Parade auf dem Opernplatz,* aus dem Jahre 1829/1830, zeigt eine Situation des Jahres 1824. König Friedrich Wilhelm III. von Preußen und Zar Alexander I. von Russland hatten in den Befreiungskriegen ein Kampfbündnis geschlossen, das 1817 durch die Heirat der ältesten Tochter des Königs (Charlotte, dann Alexandra Fjodorowna) mit dem Großfürsten Nikolaus, später Zar Nikolaus I., gefestigt wurde. Großfürst Nikolaus, Chef des 6. Brandenburgischen Kürassier-Regiments, führt auf diesem Bild das Regiment seinem Schwiegervater vor. Der Schwerpunkt des Bildes liegt in der Darstellung der wichtigsten Vertreter des Berliner Bürgertums im Vordergrund zwischen Wache und Zeughaus. Aus dem Fenster des Prinzessinnenpalais blicken Angehörige des Hofes, darunter die Fürstin von Liegnitz, die zweite Gemahlin des preußischen Königs.

Das zweite Bild, *Eine preußische Parade,* aus den Jahren 1837 bis 1839, ist an kein besonderes Ereignis gebunden, es wiederholt die Szene aus dem ersten Gemälde, zeigt aber in viel größerem Maße die Stadtlandschaft Berlins. Auch hier ist die Berliner Gesellschaft Mittelpunkt des Bildes. Beide Bilder sind Ausdruck des an diesem Ort gewonnenen neuen Lebensgefühls.

Das Umfeld der Neuen Wache hätte parallel zu ihrer Erbauung eigentlich unter königlicher Aufsicht in Form gebracht werden sollen. Friedrich Wilhelm III. hatte bei seiner Gestaltungsanordnung für das Kastanienwäldchen gefordert, dass dieser Ort »anständig gestaltet« und dem »Publikum eine angenehme Promenade geschafft« werde. In Erweiterung der Arbeiten an der Neuen Wache sah Schinkel daher eine ganze Denkmalstraße vor, die von der Schlossbrücke bis zur Oper reichen sollte, und deren Plan im Juni 1816 dem König vorlag. Hier kehren Elemente der Planung von Gentz wieder: Verbreiterung, sprich Neu-

(linke Seite)
Franz Krüger, Parade Unter den Linden in Berlin im Jahre 1837, Öl auf Leinwand, 1839.

bau der Hundebrücke, ein Denkmal für Friedrich II. und Standbilder für Generäle der Befreiungskriege, eingerahmt von Beutekanonen. Mit wenigen Veränderungen war dieser Plan im Juni 1816 genehmigt worden. Ursprünglich waren fünf Standbilder vorgesehen: für Gerhard von Scharnhorst, Bülow von Dennewitz, Neidhardt von Gneisenau, Blücher von Wahlstatt und Yorck von Wartenburg, die im Kastanienwäldchen aufgestellt werden sollten. Der König genehmigte jedoch nur drei. Schinkel gewann dafür den berühmten Bildhauer Christian Daniel Rauch.

Bereits 1822 konnten die Standbilder für Bülow von Dennewitz und Gerhard von Scharnhorst links und rechts der Wache aufgestellt werden. 1828 folgte das von Blücher, nun aber gegenüber der Wache, links vom Opernhaus. Erst 1855 kamen die noch fehlenden Standbilder für Gneisenau und Yorck von Wartenburg hinzu, so dass die Idee der Denkmalstraße langsam Gestalt annahm. Das Denkmal Friedrichs II., ebenfalls von Rauch, erhielt 1851 seinen Standort am östlichen Beginn der Straße Unter den Linden. Zwischen 1821 und 1824 entwarf Schinkel als Ersatz für die ärmliche und schmale Holzbrücke – die alte Hundebrücke – einen breiten Neubau aus Stein, künftig Schlossbrücke genannt. Im Herbst 1824 wurde sie vollendet. Nach den Vorstellungen Schinkels stellte sie die Fortsetzung der durch die Denkmäler und das Wachgebäude in ihrer Bedeutung gesteigerten Prachtstraße und zugleich die Überleitung zum Schloss dar. Die auf hohen Sockeln stehenden Statuengruppen auf der Brücke erinnerten an die Befreiungskriege als Voraussetzung der Entwicklung des preußischen Staates nach 1815; ausgeführt wurden sie von 1853 bis 1857. So kamen die Gestaltungsschöpfungen mehrerer Architektengenerationen in einem langwierigen und zeitaufwendigen Prozess schließlich zum Abschluss.

Bedeutsam für den künstlerischen Stellenwert der Neuen Wache ist vor allem die Tatsache, dass bei der Realisierung des Bauplanes die gesamte Umgebung miteinbezogen wurde. Der relativ kleine Bau Schinkels schloss auf großartige Weise eine bis dahin bestehende Lücke zwischen den vorhandenen Bauwerken. Der so abgerundete Stadtteil, der durch

die Gründung der Universität im Palais des Prinzen Heinrich zusätzlich aufgewertet worden war, entsprach offensichtlich dem Lebensgefühl einer bestimmten Bevölkerungsgruppe in Berlin.

Die Zeit nach den langwierigen Kriegen, die Kontributionen, die an die Siegermächte zu zahlen waren, und die Verschuldungen aus der Kriegszeit förderten im Kleinbürgertum ein Bedürfnis nach Ruhe. Große Teile der Berliner Bevölkerung mussten sich auf neue Verhältnisse nach den Reformen einstellen, die materielle Erschöpfung ließ aufwändige finanzielle Unternehmungen nicht zu. Romantische Strömungen machten sich im Bürgertum breit. Vertreter politischer Bewegungen, die sich für eine Überwindung des reaktionären Adelsregimes und für die Einheit Deutschlands auf demokratischer Grundlage einsetzten, wurden als Demagogen von der Obrigkeit brutal verfolgt.

Das preußische Militär hatte mit dem nationalen Unabhängigkeitskrieg einen bis dahin unerreichten Grad an Volkstümlichkeit errungen, der nach 1815 fortwirkte. Das widerspiegeln auch die bereits erwähnten Paradebilder des berühmten Berliner Malers Franz Krüger. Weniger das militärische Zeremoniell darstellend, vermitteln sie vielmehr einen Einblick in das wissenschaftliche, künstlerische und gesellschaftliche Leben dieser Stadt der Biedermeierzeit. Obwohl sich das politische Leben in Berlin noch wenig differenziert zeigte, bildeten sich in den Jahren nach 1820 zwei markante Pole gesellschaftlichen Lebens heraus. Die demokratischen Kräfte, Vertreter des Kultur- und Geisteslebens Berlins, fanden ihr Zentrum am Gendarmenmarkt, in den dortigen Caféhäusern und Weinstuben. E. T. A. Hoffmann war bis zu seinem Tode 1822 die überragende Figur dieser Szene. Das Café Stehely wurde in den Dreißiger- und Vierzigerjahren Mittelpunkt der Bewegung der revolutionären Demokratie. Berühmt wurde der dort tagende »Doctorclub«, dem beispielsweise Karl Marx und Friedrich Engels in der Zeit ihres Berliner Aufenthaltes angehörten.

Als Gegenpol zum Gendarmenmarkt entwickelte sich die Gegend um die Neue Wache. Noch waren die Grenzen fließend, scharfe politische Gegensätze

(links) **Neue Wache und Zeughaus, Stich von Ludwig Eduard Lütke.**

(Mitte) **Neue Wache und Zeughaus, Stahlstich von J. Hausheer nach einer Zeichnung von Wilhelm Schröder, 1840. Im Kastanienwäldchen ein Zelt, in dem Erfrischungen angeboten wurden.**

(rechts) **Neue Wache, anonym, Lithografie, um 1825.**

Wilhelm Brücke, Eine Ansicht vom Zeughaus mit der Neuen Wache und einem Teil des Schlosses zu Berlin, Öl auf Leinwand, 1828.

bildeten sich erst allmählich heraus. Aber der militärbegeisterte preußische Patriot fand an diesem Ort seine Heimstatt. Ursprünglich gegen halb zwölf Uhr, später dann pünktlich um zwölf Uhr, fand die Wachparade statt. Die Regimenter wechselten täglich und zeigten die Farbenpracht und Vielfalt militärischer Kostüme. Die populären Glanzseiten preußischen Militärs mit prächtiger Militärmusik aus Trommeln, Hörnern, Querpfeifen und Oboisten dominierten das Straßenbild entlang ihres Weges. Voran der Tambourmajor, seinen Stab schwingend, dahinter der Schellenbaum mit den Roßschweifen, die an die Türkenkriege erinnerten, und schließlich die Regimentsmusik, sowie – exakt ausgerichtet – die Einheit des jeweiligen Regiments. Hinter dem bedeutungsvollen Klang der Namen verschwand zuweilen die tatsächliche Bedeutung der jeweiligen Einheit, so etwa beim Kaiser Alexander Garde-Grenadier-Regiment Nr. 1 mit russischen Grenadiermützen, die der Zar, Chef dieses Regiments, gestiftet hatte, oder dem 1. Garde-Dragoner-Regiment Königin Viktoria von Großbritannien und Irland.

Schinkel hatte mit der Neuen Wache ein Kunstwerk von europäischem Rang geschaffen, dessen architektonische Qualität den eigentlichen Verwendungszweck des Gebäudes verdeckte, das nur ein Wachlokal war. Die öffentliche Begeisterung angesichts der hervorragenden raumbildenden Architektur erklärt sich aus der Situation nach 1815: Ein Zustand weitgehender Übereinstimmung zwischen den Herrschenden und einem Großteil der Bewohner über Art und Weise der öffentlichen Selbstdarstellung des Staates. Die Aufgabe, der eigentliche Zweck des Gebäudes trat in den Hintergrund.

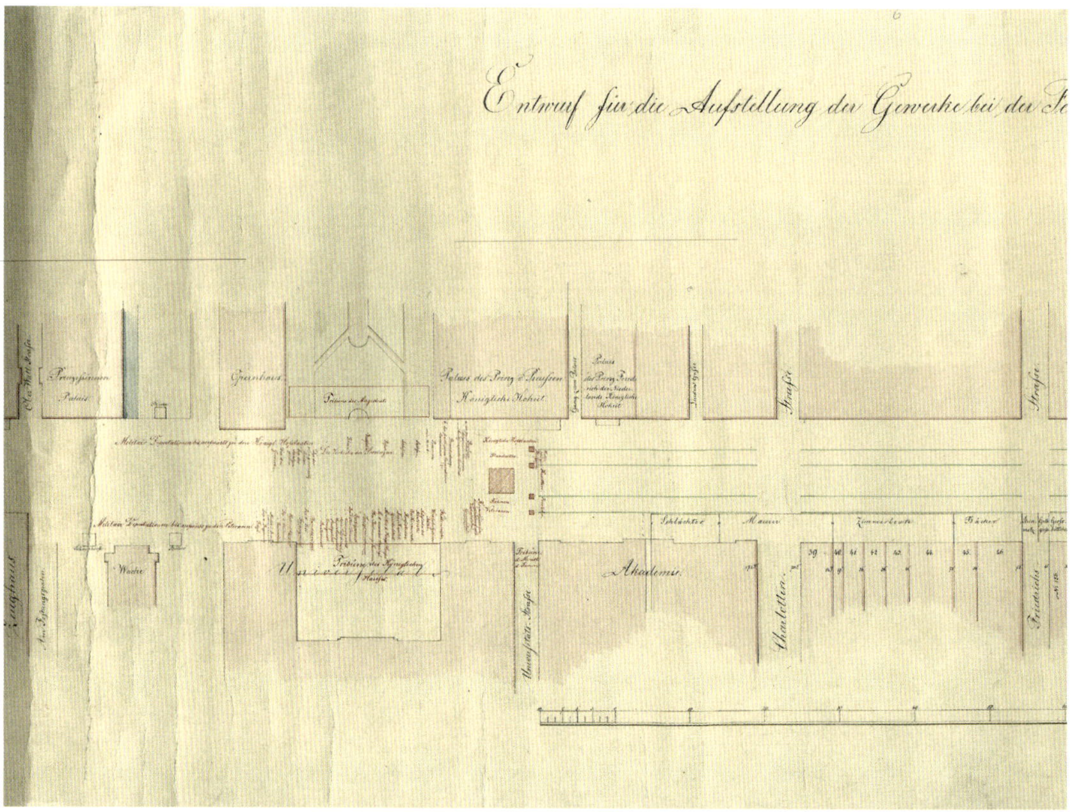

Entwurf für die Aufstellung der Gewerke anlässlich der Enthüllung des Denkmals Friedrichs des Großen. Dieser Plan zeigt das Protokoll in dem herausragenden Staatsraum Preußens (Ausschnitt).

Handbücher für Militärarchitektur wiesen allerdings nie allein auf den Kunstwert der Schinkelschen Arbeit hin, sondern führten sie als klassisches Beispiel dafür an, wie ein Architekt seine Aufgabe, den Bau eines militärischen Objektes, auszuführen hatte. Neben dem Kunstwert musste selbstverständlich auch ein praktischer Gebrauchswert sichergestellt sein. Im Falle der Neue Wache mussten beispielsweise notwendigerweise Arrestzellen vorhanden sein, die ein »Entweichen der Arrestanten unmöglich« machten. Weiter verlangten die Vorschriften, dass ein solches Wachgebäude über eine entsprechende Verteidigungsfähigkeit verfüge, und dekretierten: »(...) andererseits aber wird man durch die der neueren Zeit eigentümlichen Straßenkämpfe bei inneren Unruhen darauf hingewiesen, Wachgebäude, deren Besitz für die Beherrschung eines Stadtteiles, einer Brücke, für den Schutz öffentlicher Gebäude etc., besonders wichtig ist, auch besonders widerstandsfähig zu machen. Dies wird nur erreicht durch Anordnungen, welche ein Bestreichen der angreifbaren Gebäudefronten durch Gewehrfeuer ermöglichen; bloßes Frontalfeuer genügt zur nachhaltigen Verteidigung nicht. Die vorspringenden turm- oder erkerartigen Teile brauchen nicht eben groß zu sein, da wenige Gewehre in solchen Fällen zur wirksamen Verteidigung ausreichen, ja fast immer das bloße Vorhandensein jener Einrichtungen jeder aufständischen Horde die Lust zu einem Sturmangriff benehmen wird, zumal wenn ein standfähiges eisernes Gitter einen überraschenden Anfall unmöglich macht.«[66]

Schinkels Gestaltung der Innenräume diente eindeutig der eigentlichen Zweckbestimmung des Gebäudes. So öffnete sich die Hauptwachstube bei-

Festschmuck Unter den Linden vor der Universität anlässlich des 100. Geburtstages von Kaiser Wilhelm I., 22. März 1897.

spielsweise in großen Fenstern zur Vorhalle. Dadurch war es der Wachmannschaft möglich, »(...) zu sehen, was auf dem Hauptplatze vorgeht, um bei Aufläufen und anderen Unordnungen schleunigst bei der Hand zu seyn«. Die eisernen Gitter um die Vorhalle der Wache, die im Entwurf Schinkels noch fehlten, erklären sich so.

Der Stadtraum um die Neue Wache änderte sich in der Folge kaum. Zwei kleinere Veränderungen sind anzumerken. Zum einen wurde das gegenüberliegende Palais in den Jahren 1856/1857 durch den Architekten Johann Heinrich Strack grundlegend für Kronprinz Friedrich (den nachmaligen 99-Tage-Kaiser Friedrich III.) umgebaut. Strack setzte dem Gebäude ein drittes Geschoss auf und ergänzte die barocke Fassade mit ihren kolossalen Pilastern und dem mächtigen Gebälk durch zeitgenössischen Zierrat. Von ihm stammt auch der Anbau eines östlichen Seitentrakts und der Säulenportikus samt Balkon im Eingangsbereich. Eine weitere Änderung vollzog sich am Standort der Kanonen. Die wertvolle, aus dem Jahre 1699 stammende Kanone wurde im Zeughaus aufgestellt, an ihre Stelle trat ein Geschützrohr vom Fort Mont Valérien bei Paris, das 1871 von preußischen Truppen erobert worden war. Das Geschütz trug den Beinamen *La belle Joséphine*. Die zwei französischen Bronze-Mörser blieben an ihrem Platz. Die Berliner nannten das große Geschütz die *faule Grete*, in Erinnerung an das Geschütz, mit dem Kurfürst Friedrich I. in den vierziger Jahren des 15. Jahrhunderts die Burgen von Rittern, zerstört hatte. Das war Gegenstand des Unterrichts in der Schule.

Neue Wache im Festschmuck anlässlich des 100. Geburtstages von Kaiser Wilhelm I., Foto von Waldemar Titzenthaler, 1897.

In der unmittelbaren Umgebung der Neuen Wache konzentrierten sich für lange Zeit wichtige Einrichtungen des preußischen Militärs. Dazu gehörte etwa das Zeughaus, das bis 1877 das Hauptwaffendepot der königlich-preußischen Armee war. Täglich gab der Stadtkommandant kurz vor der Wachablösung hier die Parole für die Berliner Garnison aus. Einem Rendezvous von Generälen, Stabsoffizieren, Regimentskommandeuren, Adjutanten, Feldwebeln folgte eine kurze Ansprache. Besonders feierlich und nach speziellem Ritus vollzog sich die Paroleausgabe an jedem Neujahrstag. Auch sie fand am Zeughaus statt, doch traten dazu die Berliner Regimenter an. Die Generalität, der Generalstab, die Stadtkommandantur, die Flügeladjutanten usw. erwarteten den obersten Kriegsherren, den preußischen König und später den deutschen Kaiser, der selbst die Parole gab. Es folgte die Parade, die die Soldaten in Winterbekleidung durchführten. Der Kaiser und sein Gefolge nahmen vor dem Hauptportal des Zeughauses die Parade ab.

Im Hinblick auf die umgebenden Gartenanlagen der Neuen Wache waren bereits vor der Jahrhundertmitte die entscheidenden Schritte unternommen worden. Am 29. August 1843 hatte König Friedrich Wilhelm IV. nach Plänen des Gartendirektor Peter Joseph Lenné »(…) die Umwandlung des Opernplatzes zu Berlin in eine Garten-Anlage u. die Ausführung derselben (…)« mit Modifikationen genehmigt.[67] In späteren Jahren wurde eine künstliche Anhöhe auf dem Platz aufgeschüttet, auf der 1895 eine Bronzevase ihren Platz fand. Sie trug den

Aufziehen der Wache, Foto von Waldemar Titzenthaler, 1902.

Namen Kaiserin Augusta-Vase, da sie 1882 ein Geschenk der Kaiserin an ihren Gatten war. Die bereits erwähnte Stadtkommandantur und das *Gouvernement*, in einem Gebäude gegenüber dem Zeughaus untergebracht, stellten einen weiteren wichtigen militärischen Bau in diesem Bereich dar. Die Kommandantur war die oberste Behörde aller militärischen Institutionen Berlins, mit Ausnahme des Kriegsministeriums und des Generalstabs. In ihren Räumen liefen die Fäden aller das Militär betreffenden Angelegenheiten zusammen. Die Stadtkommandantur pflegte, entsprechend den Mobilmachungsbestimmungen, mit allen städtischen Behörden intensive Kontakte.

Die Strukturen der Berliner Garnison (1908: 23000 Mann) waren zu einer Vielzahl zentraler, territorialer und lokaler militärischer Einrichtungen ausgeweitet worden. Oberste Militärbehörde für Berlin war der Oberbefehlshaber in den Marken, in Personalunion zugleich Gouverneur von Berlin, der als »Generaladjutant Seiner Majestät des Kaisers und Königs« diesem direkt unterstand. Im Fall der Mobilmachung ging die gesamte Gewalt an ihn über, so im August 1914 an den damaligen Amtsinhaber, Generaloberst von Kessel. Der Stadtkommandant unterstand ihm und trug die Verantwortung für das Wehrersatzwesen, die militärische Sicherung der Stadt Berlin, und befehligte die in Berlin verbliebenen Truppen.

Die Neue Wache wurde nach 1871 zum Demonstrationsobjekt des preußisch-deutschen Militärstaates, dessen liebstes Spielzeug sich in buntem Zeremoniell der Öffentlichkeit präsentierte. Längst war der Großteil der militärischen Behörden, personell stark angewachsen, in andere Gebäudekomplexe gezogen. Noch zu Schinkels Zeiten, 1818, entstand in der Lindenstraße ein eigenes Militärgefängnis, in das täglich die Arrestanten eingeliefert wurden. Hier war ihre Be-

Festschmuck an der Neuen Wache zum 25. Regierungsjubiläum von Kaiser Wilhelm II., 1913.

grüßung die Ausgabe von Wasser und Brot, die, je nach Höhe der Strafe, jeden zweiten oder dritten Tag ausgesetzt wurde. Der erste »Hausvater«, also jener Beamte, der den Kontakt zu den arretierten Soldaten hielt, war ein altgedienter Soldat der preußischen Armee mit Namen Philipp. Unter den Soldaten der Berliner Garnison und später der preußischen Armee entstand daraus die Bezeichnung »bei Vater Philipp« als Synonym für Arrest bei Wasser und Brot.

Die Verlegung einiger militärischer Behörden aus dem Wachgebäude sowie die Aufstellung einer speziellen Wacheinheit für das Berliner Schloss, die aus altgedienten Soldaten in historischen Uniformen bestand, ließen die Neue Wache ihrem eigentlichen Zweck nach überflüssig werden. Zunehmend zeigte sich die Hohlheit der täglichen Wachparade. Aber das preußische Militär nutzte sie, um seine Macht zu dokumentieren, und legte nach wie vor auf Drill und Äußerlichkeiten größten Wert. Ordnung, Straffheit und Sauberkeit galten als zentrale Tugenden. Die Messingknöpfe hatten so blank zu sein, dass man sich darin spiegeln konnte. Angesichts der unpraktischen Uniformen, die die Äußerlichkeit des Zeremoniells noch unterstrichen, war bereits die Vorbereitung auf den Wachdienst eine Qual.

Der Dienst in der Wache diente also dazu, die Garnison und das höfische Leben zu repräsentieren, soweit es sich in der Öffentlichkeit abspielte. Abgesehen von der Parade hielten sich die Soldaten vorwiegend in den Wachstuben auf. Kaum eine Erleichterung in der Kleidung war erlaubt, selbst der Helm musste auf dem Kopf bleiben. Es war allerdings gestattet, zu rauchen und Flaschenbier zu trinken, das die Ordonnanzen in Körben herbeischafften. Vorhandene Holzbänke konnten zwar benutzt, doch durfte nicht auf ihnen geschlafen werden. Das »Wacheschieben« an der Neuen Wache galt daher als eine der unbeliebtesten Pflichten der Berliner Gar-

Menschenmenge an der Neuen Wache bei der Verkündung der Mobilmachung, Foto von Max Missmann, August 1914.

nison. Lediglich die Offiziere hatten es etwas leichter, durften sie doch Besuch empfangen und auf einem Wachstuchsofa ausruhen.

Ein wachhabender Soldat stand ständig auf dem »Postenstein« vor der Neuen Wache, einer erhöhten Granitplatte. Sie bot die Möglichkeit, auch über die Köpfe der auf der Straße flanierenden Menschen zu sehen. Das war wichtig, denn von der Wachsamkeit dieses Soldaten hing es ab, ob jene Personen erkannt wurden, bei deren Erscheinen die Wache herauszutreten hatte. Vom Dienstgrad eines Generals aufwärts musste die Wache alarmiert werden, und nach dem herrischen »Raus!« trat die Wache unters Gewehr und präsentierte unter dem Kommando des wachhabenden Leutnants. Näherte sich der König, später der Kaiser oder ein Mitglied des königlichen Hauses, schlug der Tambour während der Ehrenbezeigung sogar noch einen Trommelwirbel. Es gehörten schon eine besonders schnelle Auffassungsgabe und spezielle Kenntnisse des Zeremoniells dazu, diesen Posten richtig zu versehen und der Strafe für ein Wachvergehen – drei Tage Arrest – zu entrinnen. Kompliziert wurde es mit der Einführung des Automobils. Hatten die Kutschen noch bestimmte Erkennungszeichen und ein langsameres Fahrtempo, entfielen nun derartige Signale.

Nach 1900 fanden in der Neuen Wache weitere Militärbehörden Platz, die weniger der gesellschaftlichen Repräsentation dienten, als vielmehr dem militärischen Dienstbetrieb. Im Gebäude wurde nun die »Hauptzentralstelle« des Militärtelegraphenamtes von Berlin untergebracht. Ebenso fand hier die Zentrale der Militärpostanstalt von Berlin Unterkunft, die Briefe für den inneren Dienstbetrieb der militärischen Einrichtungen und Behörden transportierte.

Inneres der Neuen Wache, Wachstube mit Mannschaften des Königin-Augusta-Gardegrenadier-Regiments Nr. 4, 1898.

Die glanzvollen Paraden der Zwanziger- und Dreißigerjahre des 19. Jahrhunderts, die vor dem Opernhaus stattgefunden hatten, waren zu diesem Zeitpunkt ausgeweitet worden. Letzte Kulminationspunkte waren die zwei Paraden der Berliner Garnison nach der Heimkehr aus den Kriegen gegen Dänemark 1864 und Österreich 1866. Hier hatte die militärische Macht Preußens einen rauschenden Triumph gefeiert. Zu ihrer Demonstration in der Hauptstadt wurde jene *via triumphalis* genutzt, die vom Denkmal Friedrichs II. bis zum Schloss reichte, mit ihrer Kette historisch bedeutender Bauwerke, die fest in das Leben der Stadt eingebunden waren und nun mit einem weihevollen Charakter preußischer Staatskultur und preußischen Militärs versehen wurden. Aber nicht nur das Militär trat an, auch die Berliner Behörden und Gewerke wurden in die Staatsaktionen einbezogen. Jede Einzelheit, jedes Detail war genau in Plänen festgelegt, so beispielsweise bei der Einweihung des Denkmals Friedrichs II. am 27. Mai 1851; einer der viele Belege für den für Preußen herausragenden staatspolitischen Raum.

1860 hatte der Abbruch der Akzisemauer, nun Stadtmauer genannt, begonnen, Folge zweier gegensätzlicher Entwicklungslinien. Am 30. Januar dieses Jahres erließ Prinzregent Wilhelm I. (sein Bruder, König Friedrich Wilhelm IV., übte die Regierungsgeschäfte nicht mehr aus) folgenden Beschluss: »Unter Rücksendung der Anlagen Ihres Berichts vom 20. Januar d. J. genehmige Ich, daß der Abbruch der Stadtmauer von Berlin an der Südwestseite auf der Strecke vom Unterbaum bis zum Wasserthore (...) in Aussicht genommen werde.«[68] Der Unterbaum wurde durch die spätere Kronprinzenbrücke ersetzt, das Wassertor lag am Landwehrkanal.

Konsequenz dieser Vorgehensweise war die Beseitigung der Stadttore, die Teil der Anlage waren. Hier gab es einen Einspruch von Seiten des Staatsministeriums, und noch während des Krieges gegen Dänemark erfolgte eine Order König Wilhelm I. aus Nikolsburg vom 25. Juli 1866: »Auf den Bericht des Staats-Ministeriums vom 7. d. M. will Ich genehmigen, daß bei dem Abbruch der Stadtmauer von Berlin das Portal, sowie das Wacht- und Steuergebäude des Brandenburger Thores vom Abbruche ausgeschlossen werden.« Sehr detailliert geht die Order auf die anderen Tore ein: »Was die Postamente des Oranienburger und des Rosenthaler Thores, sowie die Sandstein-Obelisken des Hamburger Thores, desgleichen die Wacht- und Steuergebäude am Oranienburger, Neuen Potsdamer Thor und Anhaltinischen Thore, sowie die Steuergebäude am Stralauer, Frankfurter und Landsberger Thore anbelangt, so wird sich erst nach dem vollständigen Abbruche der Stadtmauer übersehen lassen, ob und in wieweit die Beibehaltung derselben unumgänglich ist. Ich kann daher zur Zeit nur die vorläufige Ausschließung derselben vom Abbruche genehmigen und muß die endgültige Entscheidung darüber einer späteren Zeit vorbehalten.«[69]

Nach dem Sieg über Frankreich und der Ernennung des preußischen Königs Wilhelm I. zum deutschen Kaiser 1871 nutzte die neue, nun kaiserlich-deutsche Macht den westlichen Teil der Straße Unter den Linden vom Brandenburger Tor bis zum Denkmal Friedrichs II. als Paradestrecke. Sie ging in einem buchstäblichen Rausch von Fahnen, Musik und Uniformen unter. Die Begeisterung der Hurra-Patrioten fand kein Ende. Dabei war Berlin als Industriestadt, die überwiegend von der Arbeit geprägt wurde und in der der politische Kampf der Arbeiterbewegung in Deutschland sein Zentrum hatte, schon lange keine Militärstadt mehr. In Potsdam und anderen kleineren Garnisonsstädten nahm das Militär eine ungleich höhere Stellung ein.

Die eigentliche Feststraße aber für alle gesellschaftlichen Höhepunkte bildete die *via triumphalis*. Hier zeigte sich die kaiserliche Gesellschaft, hier standen die Ehrenpforten für Hochzeiten, Krönungen, Geburtstage und Trauerfeierlichkeiten der nun kaiserlichen Familie. Im Jahr 1888 gab es gleich mehrere solcher Anlässe: den Tod Wilhelms I., die Krönung Friedrichs III., dessen Tod, sowie die Krönung Wilhelms II.

Mit letzterem erlangte die Zurschaustellung militärischer und staatlicher Macht auf diesem Straßenstück Berlins ihren Höhepunkt. Seinem pompösen Stil und seiner Vorliebe für glänzende Uniformen, wehende Federbüsche, Fahnen usw. entsprachen die prunkvollen Darbietungen. Die Regimenter der Berliner Garnison traten am Straßenrand in ganzer Länge an. Die Uniformen wurden noch farbenprächtiger, güldener und damit auch unpraktischer. Lanzen und Kürasse in schimmerndem Tombak, Husaren mit Dol-

Wachablösung an der Neuen Wache, kolorierte Postkarte, um 1900.

man und Attila, Ulanen mit Paraderabatte, Dragoner mit ihrem Koller usw. stellten nicht »einen bunten Schmetterling« dar – wie Detlef von Liliencron einst einen militärischen Zug nannte –, sondern eine farbenprächtige Hydra imperialer Begehrlichkeiten, die ihr Wesen unter schillernden Bildern verbarg.

Feudale Repräsentanz und barocke Pracht verbanden sich mit dem Glanz internationaler Adelsgäste und regierender Monarchen. Und zu feiern gab es viel: 200 Jahre Königskrönung der Hohenzollern (1901), 25-jähriges Regierungsjubiläum Kaiser Wilhelms II. (Juni 1913) usw. Herausragende monarchistische Machtdemonstration mit Glanz und Gloria war die Hochzeit der Kaisertochter mit dem Prinzen von Hannover. Drei Tage dauerten die Feierlichkeiten. Am 24. Mai 1913 fand der feierliche Einzug der Gäste statt, unter anderem des britischen Königspaares, ein szenisches Theater von hohem Schauwert. Teile der Bevölkerung, insbesondere das militärhörige und kaisertreue Kleinbürgertum, standen bewundernd und begeistert jubelnd am Straßenrand. Doch zeigte sich insgesamt nur eine gedämpfte Begeisterung, denn die Sorgen um die eigene Existenz angesichts einer spürbaren Kriegsgefahr waren größer.

Die historisch bedeutende Architektur der Neuen Wache genügte den wilhelminischen Machtinszenierungen mittlerweile nicht mehr. Doch ihr Abriss verbot sich von selbst. So entstand statt möglicher Neubauten eine kurzlebige, ephemere »Festarchitektur«, Theaterkulissen, die sich nach dem jeweils wechselnden Geschmack richteten. Mit Pappe, Pappmaché, Stuck und Holzgerüsten umkleidete etwa einer der geschicktesten und für Berlin wichtigen Architekten, Ludwig Hoffmann, bestehende Bauten. Er erwies sich dabei als ein dem Geschmack des Kaisers und des patriotischen Publikums verpflichteter Dekorationskünstler.

Wachablösung an der Neuen Wache, Postkarte, um 1910.

Zur Wiederkehr des 100. Geburtstages Wilhelms I. am 22. März 1897 konzipierte Hoffmann für die Strecke zwischen dem Denkmal Friedrichs II. und dem Schloss beiderseits der Straße in gleichen Abständen mit Blumengirlanden verbundene, schlanke Obelisken in Elfenbeinweiß und Altgold. Die Höhe dieser Obelisken betrug 15 Meter, an der Schlossbrücke standen zwei von 27 Metern Höhe, und am Lustgarten – Ziel und Abschluss der ganzen Dekoration – einer von 56 Metern Höhe. Anlässlich des Besuchs Kaiser Franz Josephs I. von Österreich in Berlin am 4. Mai 1900 hatte Hoffmann einen Festschmuck entworfen, der aus einem 25 Meter hohen Triumphbogen sowie seitlichen, zehn Meter hohen Pylonen bestand. Weitere Festarchitekturen waren für den 28. August 1902, den Tag des Einzugs des italienischen Königs Viktor Emanuel III., am 3. Juni 1905 für die Hochzeit des Kronprinzenpaares, am 6. November 1905 für den spanischen König Alfons XIII., am 2. Juni 1908 für das schwedische Königspaar und am 10. Februar 1909 für den britischen König Eduard VII. errichtet worden. Schauplatz war jeweils das östliche Stück der Straße Unter den Linden sowie die Strecke zwischen Neuer Wache und Schloss. Dieser Ort monarchistischer und militärischer Demonstration war also auf eine ihm eigene Weise mit den großen öffentlichen Festinszenierungen der nach Weltmacht strebenden Gesellschaft verbunden. Zum 80. Geburtstag Kaiser Franz Josephs I. von Österreich wurde dann der Opernplatz im August 1910 in Kaiser-Franz-Joseph-Platz umbenannt; diesen Namen behielt er bis zum Jahre 1947.

Allerdings wurde die Neue Wache auch Schauplatz eines Schurkenstücks, welches das wilhelminische Kaiserreich und seine Militärhörigkeit vor der Welt der Lächerlichkeit preisgab. Am 16. Oktober 1906, etwa gegen neunzehn Uhr, näherte sich eine bedeckte Kutsche dem Wachgebäude, auf dem Bock ein Polizeisergeant und ein Soldat des 4. Garde-Regiments zu Fuß. Der Soldat meldete sich ordnungsgemäß an der Wache und teilte mit, dass er den Bürgermeister von Köpenick und seine Gattin in der Kutsche unter Bedeckung auf Befehl eines ihm unbekannten Hauptmannes herzubringen habe. Der wachhabende Leutnant vom Kaiser Alexander Garde-Grenadier-Regiment Nr. 1 informierte umgehend den Stadtkommandanten von Berlin, Graf Kuno von Moltke, der sofort herbeieilte.

Er verschaffte sich durch Vernehmung des Bürgermeisters und des später eingetroffenen Kassenrendanten von Köpenick sowie der Soldaten ein Bild von dem Vorgefallenen. Prinz Joachim Albrecht von Preußen, Offizier vom Dienst an diesem Tage, traf ebenfalls ein. Er informierte sich und beide entließen – mit vielen Entschuldigungen – den Bürgermeister und den Rendanten aus der von einem Schwindler veranlassten Haft.

Als »Hauptmann von Köpenick« ging der Schuster Wilhelm Voigt in die Geschichte ein, und hier an der Wache flog die »Köpenickiade« auf. Fieberhaft begann die Suche nach dem Mann, der mit dieser Aktion unter Ausnutzung der deutschen Militärfrömmigkeit ein »großes Ding« drehen wollte. Was ihm gelang, hatte er wohl so nicht beabsichtigt und konnte es auch kaum begreifen. Der damals 57-jährige Voigt, der 27 Jahre seines Lebens in Zuchthäusern und Gefängnissen verbracht hatte, machte die angestammte Obrigkeits- und Uniformgläubigkeit in Preußen zum Gespött und das kaiserliche Deutschland vor aller Welt lächerlich.

Doch auch nach dieser Posse änderte sich nichts an den Paraden auf der *via triumphalis*. Dazu bedurfte es eines fundamentalen Ereignisses. Am 1. August 1914 verlas ein Leutnant vor der Neuen Wache die Mobilmachungsorder, die dort untergebrachte »Hauptzentralstelle der Militärtelegraphie« sandte die Mobilmachungsbefehle an die Berliner Garnison; das Völkermorden des Ersten Weltkrieges nahm seinen Anfang. Damit endeten die militaristischen Aufzüge mit ihrem pompösen Prunk; Schrecken und Leiden des Weltkriegs verboten das. 1918 endete dieser erste Abschnitt in der Geschichte der Neuen Wache endgültig. Als letzter militärischer Auftrag ergingen von hier im November 1918 die Befehle zur Demobilisierung des Kaiserheeres.

Neue Wache, Postkarte, um 1910.

Kapitel 5 Gedächtnisstätte des Ersten Weltkriegs

Nach der militärischen Niederlage Deutschlands im Ersten Weltkrieg und der Novemberrevolution 1918 verlor die Neue Wache ihre bisherige Nutzung. Ihr Zweck war überholt, das Wachgebäude stand nun leer, die monarchistische Periode, die diesen Stadtraum entscheidend geprägt hatte, war beendet. Zwar blieben die kaiserlichen Bauten zunächst unverändert, auch Institutionen wie Universität und das im Zeughaus seit 1877 untergebrachte Museum bestanden nach wie vor. Doch wurde jetzt eine Neubestimmung, eine Neubesetzung notwendig, unterblieb aber zunächst.

Anfang der Zwanzigerjahre begannen erste Diskussionen über mögliche neue Verwendungen für die Neue Wache. Es war eindeutig, dass von ihrer veränderten Nutzung Impulse für die Neubelebung ihrer weiteren Umgebung ausgehen würden. Der Kunstwert und die stadtgestaltende Funktion der Schinkelschen Architektur waren unumstritten, boten aber aus sich keinen Lösungsweg für das Problem an. Die nunmehr »Reichswehr« genannte Armee, unter deren Verwaltung das Haus stand, beklagte sich über die Instandhaltungskosten des ungenutzten Gebäudes. Die Frage, wer sie tragen sollte, blieb vorerst unbeantwortet. Ein Eingriff in die Bausubstanz zum Zwecke einer neuen Nutzung verbot sich, da noch völlig unklar war, wie eine solche Nutzung aussehen könnte. Die Reichswehr sorgte zunächst für den weiteren Unterhalt des Gebäudes; im Obergeschoss wohnte, mit der Adresse Kaiser-Franz-Joseph-Platz, Neue Wache, der Heizer Carl Ziems.

Sogar ein Abriss des Bauwerks, als Kostensparmaßnahme erwogen, stand zeitweilig zur Diskussion, kam wegen des hohen architektonischen Rangs der Neuen Wache letztlich nicht in Frage. Auch eine Nutzung für Ausstellungszwecke oder als Café wurde vorgeschlagen, doch blieb das weitere Schicksal des

Gebäudes ein knappes Jahrzehnt bis Juli 1929 ungeklärt. Dann initiierte Otto Braun, sozialdemokratischer Ministerpräsident Preußens, Überlegungen, im ehemaligen Wachgebäude eine »Gedächtnisstätte für die Gefallenen des Weltkriegs« einzurichten.

Mit diesem Vorstoß kam eine zusätzliche, sozialdemokratische Variante in die andauernde Auseinandersetzung um das mahnende Gedenken, die Ehrung oder die Verherrlichung der Toten dieses Krieges. Kriegerdenkmäler, zunächst Erinnerungszeichen an militärische Auseinandersetzungen und die dabei gefallenen Soldaten, waren vor allem nach dem antinapoleonischen Unabhängigkeitskrieg entstanden, entsprangen aber der Gedankenwelt der französischen Revolution. Weder Adel noch Potentaten, sondern die bürgerliche Gesellschaft setzte den Soldaten ihre Gedächtniszeichen mit dem Ziel, den Einsatz des Einzelnen zu ehren und an die Toten zu erinnern.

Bald nach 1918 hatten in Preußen heftige Kämpfe um Inhalt und Form des künftigen Gedenkens begonnen. Einerseits sollte an die Schrecken des Krieges erinnert und damit gegen einen neuen Krieg gewirkt werden, anderseits versuchten reaktionäre Kräfte, die Gedächtnisstätten für sich zu nutzen und mit ihnen die Verherrlichung der Gewalt in der politischen Auseinandersetzung zu propagieren sowie den Revanchegedanken zu verbreiten.

Angesichts der Millionen Opfer des Ersten Weltkrieges waren in anderen Ländern Stätten entstanden, die dem Gedenken an den »Unbekannten Soldaten« dienten. Auch in diesen Ländern gab es militaristische Kräfte und Organisationen, die mit solchen Schritten reaktionäres Gedankengut verbreiten wollten. Letztlich bestimmte stets die dahinterstehende politische Absicht das Wesen öffentlichen Gedenkens an historische Ereignisse, Persönlich-

Neue Wache vor dem Umbau, um 1930.

keiten und Prozesse, spiegelt ein »Memento« auf die ihm eigene Weise den Charakter der Gesellschaft, in Art und Weise der öffentlichen Ehrung sowie deren äußerer Form. Für die Neue Wache sollten die Jahre 1929 bis 1931 entscheidend im Hinblick auf ihr weiteres Schicksal sein, die die politischen Auseinandersetzungen dieser Jahre reflektierten.

Zehn Jahre nach Beginn des Ersten Weltkrieges, jenes entsetzlichen Völkermordens, war auf der Ministerbesprechung der Reichsregierung vom 24. Mai 1924 – so das Protokoll – der folgende Tagesordnungspunkt diskutiert worden: »(…) zum zehnjährigen Jahrestag der Kriegserklärung schlägt Reichsminister des Inneren Dr. Jarres (…) vor, diesen Tag durch eine Feier zu Ehren der Gefallenen zu begehen. Man könne dann etwa am 3. August den Verfassungstag und diesen Gedenktag zusammenfassen. Reichsminister des Auswärtigen Dr. Stresemann begrüsst diesen Gedanken sehr und empfiehlt dringend die Errichtung einer Säule zur Erinnerung an die Toten.«[70]

Angesichts der historischen Beurteilung der anschließenden Debatte darf nicht vergessen werden, dass es bedeutende und international geachtete Vertreter der Weimarer Demokratie waren, die diesen Gedanken anregten. Zögernd wurde die Frage angegangen und am 2. Juli 1924 – außerhalb der Tagesordnung – erneut aufgeworfen: »Der Reichsminister des Innern führte aus, daß der 3. August zum Gedenken an die im Weltkrieg vom Deutschen Volk gebrachten Opfer in Berlin würdig gefeiert werden müsse. Er habe daran gedacht, an diesem Tage den Grundstein eines Nationaldenkmals für die Gefallenen in Berlin zu legen. Als Platz für dieses Denkmal [käme] nach seiner Ansicht der Endpunkt der Straße Unter den Linden gegenüber dem Brandenburger Tor in Frage. Das Denkmal könne vielleicht in Gestalt eines Sarkophags errichtet werden, an dem u. a. die Wappen der Länder angebracht würden.«[71]

Reichskunstwart Dr. Edwin Redslob, eine Institution ohne staatliche Macht, aber von großem Einfluss, erweiterte den Vorschlag noch: »Das Denkmal stelle er sich als Sarkophag vor, der vertieft angebracht werden müsse und zu dem einige Stufen hinunterführen müssten.«[72] Staatssekretär von Maltzan hielt dagegen: »Außenpolitische Momente sprächen gegen die Feier nicht. Der in Aussicht genommene Platz für das Denkmal erscheine ihm jedoch bedenklich, da das Denkmal gegenüber der

Universität, Neue Wache und Zeughaus sowie im Anschnitt rechts die Staatsoper, um 1930.

französischen Botschaft errichtet werden solle. Das könne gerade im jetzigen Augenblick als eine Herausforderung im Ausland angesehen werden. Ausserdem sei es zweifelhaft, ob nicht Unruhen entständen und ob die französische Botschaft wirksam geschützt werden könne.«

Staatssekretär Meißner von der Reichspräsidialkanzlei teilte mit, »(...) daß der Reichspräsident [Ebert] gegen die Grundsteinlegung eines Denkmals am 3. August Bedenken habe. Vielleicht könne man den Grundstein des Denkmals im Februar 1925 legen.« Im Weiteren wurde über die Kosten gesprochen und darüber, dass eine öffentlichkeitswirksame Maßnahme notwendig sei. Abschließend hieß es: »Das Kabinett beschloß, von der Grundsteinlegung eines Denkmals am 3. August Abstand zu nehmen, im übrigen aber den Tag in der vom Reichsminister des Innern vorgeschlagenen Weise festlich zu begehen.«[73]

Die geplante Gedächtnisfeier der Reichsregierung fand dann tatsächlich am 3. August 1924 im Schauspielhaus am Gendarmenmarkt statt. Auf ihr wurde die Errichtung eines Reichsehrenmals öffentlich angekündigt. Am 4. September schrieb der Reichskanzler an die preußische Staatsregierung: »Sobald sich die Reichsregierung über die Veranstaltung der Gedenkfeier am 3. August 1924 schlüssig geworden war, hat der Herr Reichsminister des Innern persönlich Veranlassung genommen, die Vertreter der Länderregierungen in einer Vollsitzung des Reichsrats hiervon zu verständigen und hat dabei des Sammlungsvorhabens der Reichsregierung Erwähnung getan. Einige Tage später hat im Auftrage des Herrn Reichsministers des Innern in einer eigens für diesen Zweck einberufenen Reichsratsausschusssitzung (...) (dieser) Näheres über die geplante Veranstaltung mitgeteilt und auch in dieser Sitzung die Errichtung eines Ehrenmals für die Gefallenen zur Sprache gebracht. Wenn die Reichsregierung an dem Gedenktage mit der Anregung zur Errichtung eines Denkmals für die Gefallenen an die

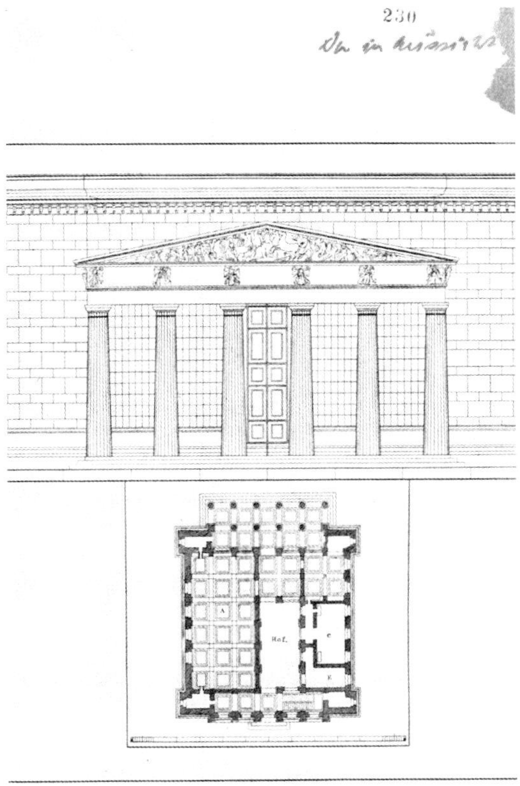

Entwurf von Heinrich Tessenow für die Neugestaltung der Neuen Wache als Gedächtnisstätte.

Öffentlichkeit herangetreten ist, hat sie sich damit zum Dolmetscher der Wünsche weitester Kreise der Bevölkerung gemacht, in denen der Wunsch nach einem solchen Male überaus lebendig ist.«[74]

Zu dem Brief und der Idee der Errichtung eines Reichsehrenmals nahm die preußische Regierung in der Sitzung des Staatsministeriums am 15. Oktober 1924 Stellung: »Nr. 4 Errichtung eines Ehrenmals für die im Weltkrieg Gefallenen. Das Staatsministerium dürfte sich darüber schlüssig zu machen haben, ob der vom Reichsminister des Innern ausgesprochene Gedanke eines Ehrenmals für die im Weltkrieg Gefallenen, der schon zur Errichtung eines Vorbereitungsausschusses geführt hat, von Preußen gebilligt oder gefördert werden soll, und bejahendenfalls, wie Preußen sich zu der Platzfrage stellen soll. Hinsichtlich der grundsätzlichen Frage wird zu berücksichtigen sein, daß nach Auffassung des Ministers für Volkswohlfahrt im Augenblick erhebliche Bedenken gegen die Möglichkeit einer Finanzierung des Ehrenmals durch öffentliche Sammlungen bestehen, so daß nötigenfalls das Ehrenmal aus Reichsmitteln geschaffen werden müsste. Hinsichtlich der Platzfrage dürfte zu prüfen sein, ob die Errichtung des Ehrenmals auf dem anscheinend in Aussicht genommenen Pariser Platz nicht sowohl das künstlerische Bild des Platzes zu beeinträchtigen als auch nationalistische Kundgebungen vor der französischen Botschaft und damit außenpolitische Schwierigkeiten hervorzurufen geeignet wäre. Bemerkenswert ist es, daß der Denkmalsgedanke selbst in einer so konservativen Zeitung wie der ›Deutschen Allgemeinen Zeitung‹ als unzeitgemäß bezeichnet wird.«[75]

Das war für lange Zeit die erste und einzige Stellungnahme der preußischen Staatsbehörden zur Frage des Reichsehrenmals. Die Zurückhaltung

Bauarbeiten beim Umbau der Neuen Wache zur Gedächtnisstätte. Dies ist das einzige Foto von diesen Arbeiten, denn Fotografieren der Bauarbeiten war nicht erlaubt. Zu sehen ist die Rückfront der Neuen Wache.

ist auch darauf zurückzuführen, dass die Inflation des Jahres 1923 zwar überwunden war, aber tiefe Einschnitte in den öffentlichen und privaten Haushalten hinterlassen hatte. Der Gedanke des Reichsehrenmals war aber in der Öffentlichkeit angekommen. Das Vorhaben entwickelte sich angesichts der bereits am 11. November 1920 in Paris und London erfolgten feierlichen Beisetzung eines unbekannten Soldaten in eigens errichteten Mahnmalen zu einem öffentlich diskutierten Vorhaben.

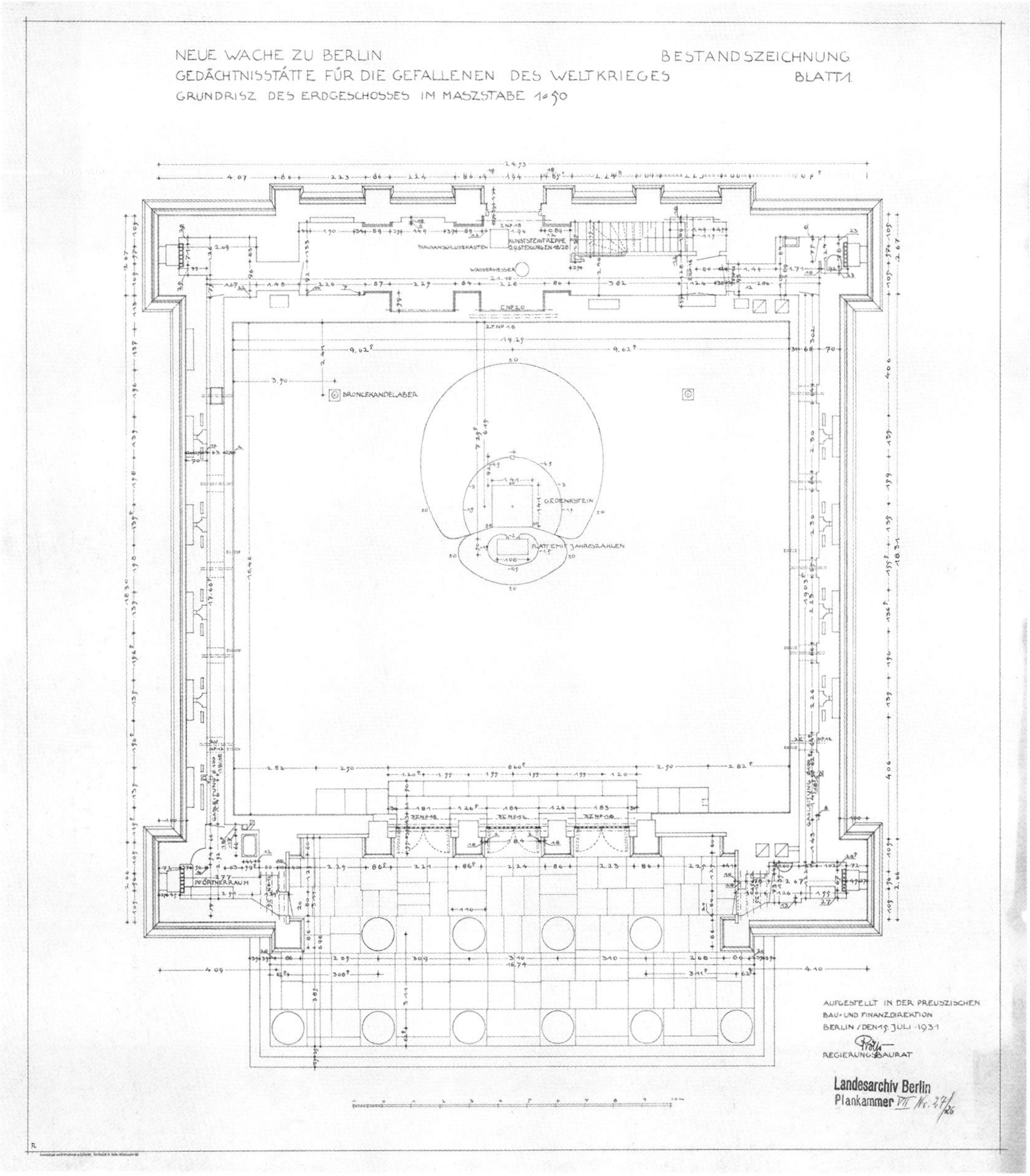

Bestandszeichnung zum Umbau der Neuen Wache als Gedächtnisstätte der Gefallenen des Weltkrieges vom 19. Juli 1931.

Am 31. August 1924 hatte bereits auf dem Schlachtfeld von Tannenberg (Ostpreußen) in Anwesenheit des Generalfeldmarschalls Paul von Hindenburg und des Generalobersten Erich Ludendorff die feierliche Grundsteinlegung für ein »Kriegerdenkmal« zur Erinnerung an die Schlacht von Tannenberg stattgefunden. Die Entwürfe für dieses größte deutsche Gefallenenmahnmal stammten von den Berliner Architekten Walter und Johannes Krüger; sie orientierten sich an der Ringanlage des steinzeitlichen Kultorts Stonehenge in England und am süditalienischen Castel del Monte des Hohenstaufenkaisers Friedrich II., errichtet um die Mitte des 13. Jahrhunderts auf achteckigem Grundriss. Die Teilnahme von 60000 Zuschauern bei der Einweihung von Tannenberg zeigte, dass es ein verbreitetes öffentliches Bedürfnis nach einer solchen Gedenkstätte gab.

Am 18. September 1927 fand die feierliche Einweihung des nun »Tannenberg-Nationaldenkmal« genannten Gedenkortes statt. Die Einweihungsfeier war nicht frei von Revanchegedanken, aber der Schauplatz lag weit im Osten und der Zeitgeist sah in ihm eher einen regionalen Erinnerungsort. Der demokratische Staat zeigte sich äußerlich scheinbar stabil. Die Jahre nach 1925 hatten durch wirtschaftlichen Aufschwung einen bescheidenen Wohlstand des Bürgertums ermöglicht, aber die Wahl des kaiserlichen Generalfeldmarschalls Paul von Hindenburg zum Reichspräsidenten markierte einen weiteren, deutlichen politischen Rechtsruck.

Es war legitim, an die Menschen – Väter und Söhne – zu denken, die ihr Leben im Ersten Weltkrieg hatten lassen müssen. Die Art und Weise, wie jedoch dem öffentlich gewordenen Streben nach Gedenken entsprochen wurde, aus welchen Quellen es sich speiste, das trennte Welten, reflektierte die politische und geistige Auseinandersetzung der Weimarer Republik und offenbarte die Ziele der Auftraggeber der Kriegerdenkmäler. Die demokratischen Kräfte wollten die grundsätzliche Auseinandersetzung mit dem Krieg, um ihn zu bekämpfen. Von humanistischen, pazifistischen oder christlichen Positionen aus forderten sie ein Gedenken an die Opfer mit dem Ziel, neues Völkermorden zu verhindern. Ihren Vorstellungen gemäß sollten die Schrecknisse des Krieges dargestellt werden, so wie es Otto Dix in seinem Kriegstryptichon 1929/1932 getan hatte. Ernst Friedrich, konsequenter Pazifist, eröffnete 1924 ein Antikriegsmuseum in der Berliner Parochialstraße und legte die Dokumentation *Krieg dem Kriege!* mit zum Teil grauenhaften Bildern verstümmelter und verkrüppelter Soldaten vor.

Im Mittelpunkt des Schaffens vieler Künstler stand damals die Darstellung dessen, was der Krieg aus den Menschen gemacht hatte. Diese Künstler wollten aufrütteln, Abscheu und Widerstand gegen den Krieg mit ihren Gestaltungsmitteln erzeugen. Dazu gehörten Käthe Kollwitz mit ihren ergreifenden Menschengestalten und der Bildhauer Ernst Barlach. Seine beiden Gefallenendenkmäler in Güstrow (1927) und in Magdeburg (1929) entsprangen bürgerlichem Humanismus und stellten die Leiden der Menschen dar. Barlach schuf damit einen neuen Typ von Gefallenendenkmälern, die zu den besten Traditionen humanistischen Gedenkens gehören. Ein anderer Künstler, der in ähnliche Richtung arbeitete, war der Bildhauer Jupp Rübsam. Er entwarf 1928 ein Totenmal zum Gedenken an die Gefallenen des Westfälischen Füsilier-Regimentes Nr. 39 in Düsseldorf, dessen ergreifende Geste der Verbundenheit die einzige tröstliche Erinnerung an die Jahre in den Schützengräben darstellte.

An die Erinnerung, an Fragen, die die Menschen bewegten, versuchten die Vertreter der verschiedensten Weltanschauungen anzuknüpfen. Auf der rechten Seite wurden Einsatz- und Opferbereitschaft heroisiert, um den Revanchegedanken zu pflegen. Das Trügerische lag in der Vermischung von Gedenken und neuem Ziel, von Personifizierung der Geschichte und ihrer Aufhebung in mythische Sphären eines vermeintlichen Heldentums. Beredtes Zeugnis dieses Strebens war etwa der im Hof der Berliner Universität errichtete Gedenkstein, der am 10. Juli 1927 eingeweiht wurde und auf dem die Namen der im Weltkrieg gefallenen Universitätsangehörigen verzeichnet waren. Er trug die Aufschrift »invicti victi victuri!« – Den Unbesiegten, die Besiegten und künftigen Sieger! Eine klare Aussage – für die des Lateinischen Mächtigen.

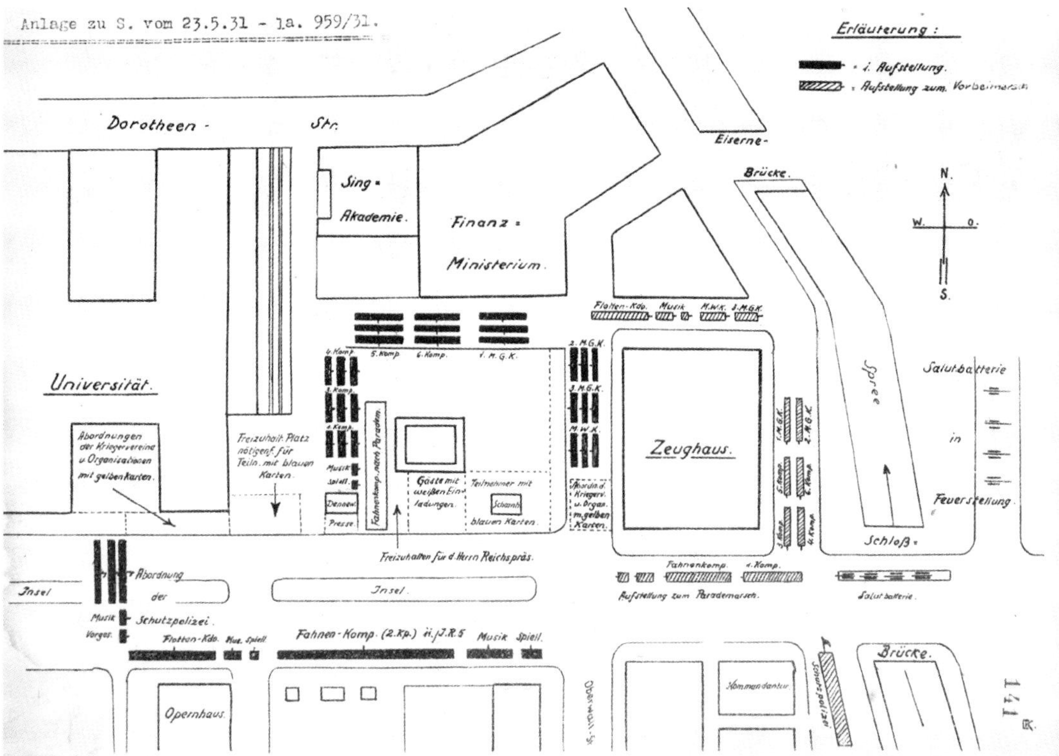

Skizze für die Aufstellung der Gäste zur Einweihung der Neuen Wache als Gedächtnisstätte. Ganz rechts im Bild die Salutbatterie.

Die Auseinandersetzung um die Gefallenendenkmäler drückte auf ihre Weise die Zuspitzung der gesellschaftlichen Widersprüche und die Polarisierung der politischen Kräfte aus, wie sie sich am Vorabend der Weltwirtschaftskrise entwickelten. Ein weiteres Moment kam hinzu. Das Jahr 1929 erbrachte politische Veränderungen nach Beseitigung einiger Rüstungsbeschränkungen des zehn Jahre zuvor unterzeichneten Versailler Friedensvertrages. Bisher nur im Geheimen betriebene Rüstungen seitens der Reichswehr und der Industrie wurden nun teilweise offen vorangebracht. Die entscheidende Frage für die weitere politische Entwicklung war, wie sich die Reichsregierung dazu stellen würde.

Der Gedanke eines Reichsehrenmals sprach jedenfalls unterschiedlichste Kreise der deutschen Öffentlichkeit an. Reichskunstwart Redslob hatte 1926 in drei Übersichten alle Vorschläge für einen Standort eines derartigen Erinnerungszeichens zusammengefasst.[76] Zu den genannten Orten gehörte auch die Burg Regenstein nahe Blankenburg/Harz. Kommentarlos stand in der Liste von Redslob: »Vorschlag von Wilhelm Strauß, Inhaber des Restaurants Burg Regenstein, vom 27. Mai 1926.«[77] Hier war offensichtlich die erwartete Umsatzsteigerung der Vater des Gedankens.

Der Reichsminister des Innern wandte sich im August 1926 an den Preußischen Ministerpräsidenten und lud für den 1. September zu einer Besichtigung eines weiteren möglichen Standorts im Garten des Schlosses Bellevue ein. Ebenfalls geladen wurden der Reichskunstwart, der Stadtbaurat von Berlin, Adolph Hoffmann und, da es sich um Gelände handelte, über das der preußische Staat verfügte, auch der Finanz-

Einweihung der Neuen Wache als Gedächtnisstätte am 2. Juni 1931; in der Bildmitte Reichspräsident Paul von Hindenburg, imHintergrund das Opernhaus Unter den Linden

minister Preußens. Weiter hieß es: »Der Herr Reichspräsident wird um 10½ Uhr zum Bellevue-Garten fahren, wo der Herr Oberbürgermeister ihn an der zwischen Grossen Stern und Schloss Bellevue gelegenen Eingangspforte empfangen wird, um ihn zur Fortsetzung der Hofjäger-Allee innerhalb des Bellevue-Parks und von da zu dem in Frage kommenden Platz zu geleiten.«[78] Über das Ergebnis konnten keine Einzelheiten ermittelt werden, das Gelände blieb jedoch als Standort im Gespräch. Eine schnelle Lösung war aber offensichtlich nicht möglich.

Insbesondere konservative Kreise wehrten sich grundsätzlich gegen einen Standort eines solchen Denkmals in der unruhigen Stadt Berlin, da sie als »gottlos« verrufen war. Ihnen schwebte ein Ort abseits der großen Städte, in einem Wald vor. In die engere Wahl kam der Vorschlag für »das Gelände südlich von Weimar, zwischen Berka, Tannroda und Blankenhain«. In knapper Form führte der Reichskunstwart dazu an: »Denkschrift für die Ausgestaltung des Heiligen Gebietes von Sigmund Graff, Magdeburg, Schriftleiter des ›Stahlhelm‹ mit Schreiben vom 18. Februar 1926.« Und weiter: »Zustimmende Äusserung des Generalleutnant von Cramon, Vorsitzender des Landesverbandes Berlin des Reichskriegerbundes, im ›Berliner Lokalanzeiger‹ Nr. 100 vom 28. Februar 1926. Gutachten von Architekt O. Bartning, 30. März 1926; Gutachten von Regierungsbaurat E. Boerschmann, Berlin, 20. April 1926; Gutachten von Architekt de Fries, 9. Mai 1926; Gutachten über die forstliche Eignung des Geländes von Oberforstmeister Reichardt, Thür. Finanzministerium Weimar, 14. Mai 1926; Schreiben des Oberbürgermeisters von Weimar, 30. 4. 1926; Artikel des Prof. Dr. Gerstenberg,

Einweihung der Neuen Wache als Gedächtnisstätte am 2. Juni 1931.

Hamburg, im ›Hamburgischen Correspondent‹ vom 16. 4. 1926 ›Wo soll das Ehrenmal stehen?', übersandt am 26. 4. 1926. Dem Vorschlag schliessen sich an: Die Landkreise Erfurt, Naumburg, Arnstadt, Saalfeld, Rudolstadt, Gera; Kreisverwaltung Camburg, Stadtkreis Apolda; Magistrate der Städte Erfurt, Naumburg, Stadtkreis Arnstadt, Stadt Saalfeld, Rudolfstadt, Gera, Kahla, Stadtkreis Jena. Schreiben des Thür. Kreisdirektors in Weimar vom 8. Juni 1926.« Weiterhin gab es einen Vorschlag des Architekten Karl Wach für die so genannte »Toteninsel« bei Lorch am Rhein.

Der Architekt Wilhelm Kreis legte dann dem Reichspräsidenten einen Entwurf für ein »Reichsehrenmal« bei Bad Berka vor. Von Hindenburg gebilligt, wurde der Auftrag an Kreis zur Ausführung gegeben. Überall in Stadt und Land waren zu jenem Zeitpunkt Kriegerdenkmäler und Gedenksteine entstanden. Fast jedes Dorf, jede Stadt hatte ihr Erinnerungszeichen. Oftmals sehr schmucklos, verzeichneten sie nur die Namen der Toten, Adler oder Eisernes Kreuz an ihrer Spitze. Andere stellten einen heroischen Handgranatenwerfer oder stürmende Soldaten dar. Ihre Gestaltung richtete sich nach der politischen Anschauung der Auftraggeber und deren Geldbeutel. Alle aber waren zunächst dem Gedanken entsprungen, einen Ort zu schaffen, an dem die Hinterbliebenen gedenken konnten. Wesen und Funktion der Kriegerdenkmäler blieben jedoch widersprüchlich. Ihre Auftraggeber hatten sich jedoch – wenn auch zum Teil widerwillig – dem zwischenzeitlich in Deutschland eingetretenen politischen Wandel und seinem Ergebnis, der Weimarer Republik, stellen müssen.

Zu den vorgeschlagenen Orten gehörte schon sehr früh auch die Neue Wache. So schrieb bereits am 1. September 1924 die Zeitung *Der Montag-Morgen*

Einweihung der Neuen Wache als Gedächtnisstätte, Paradeaufstellung der Ehrenformation am 2. Juni 1931.

unter der Titelzeile: *Wozu noch »Neue Wache«*: »Unter den Linden, zwischen Universität und Zeughaus, streckt sich in breiter Front das graurötliche Gebäude der ›Neuen Wache‹. Tot, öde liegt die hohe Säulenhalle hinter den Doppelreihen der Gewehrständer und den Gitterzäunen – ein Erinnerungsstück vergangener Zeiten, ein Denkmal des alten Preußens und der wilhelminischen Aera (…). Jetzt scheint dort alles Leben erstorben, der Bau vereinsamt und verlassen. Zweck- und sinnlos, fragwürdig starren Dach und Pfeiler in den Mittagssonnenschein des Herbsttages (…).« Der Verfasser fügte diesem Text noch Vorwürfe gegen den Staat an, der diesen Bau nicht nutze.[79]

Der Artikel scheint Wirkung gezeigt zu haben, denn am 2. Dezember schlug die Kommandantur Berlin unter Bezug auf das Novemberheft der Zeitschrift *Der Kunstwanderer* und einen dort veröffentlichten Artikel eines »Fräulein Professor Dr. Frieda Schottmüller, die dem Direktorium des Kaiser Friedrich Museums angehört«, vor, der Anregung zu folgen und die Neue Wache »als Ehrenmal für unsere Gefallenen zu verwenden«. Gleichzeitig wurden weitere namhafte Vertreter des Berliner Kulturlebens angeführt, die diesen Vorschlag unterstützten, so der damals bedeutende Kunstkritiker Fritz Stahl. Weiter heißt es dann: »Die Kommandantur möchte diesen Vorschlag warm befürworten, bietet er doch die einzige Möglichkeit, diesen in den Formen edelster Klassizität gehaltenen Bau, der mehr den Charakter eines Tempels als einer Wache trägt, in würdiger Weise für alle Zeiten auszunutzen; gleichzeitig wäre es eine pietätvolle Erinnerung an die alte Armee.«

An das Reichswehrministerium schrieb der Kommandant von Berlin: »Durch diese Verwendung würden auch alle Fragen verstummen, die in vielen Anträgen von Privatunternehmungen an die Kommandantur und an das Heeresunterkunftsamt (…) laut wurden, und die alle nur auf Verpachtung des Gebäudes zwecks Einrichtung eines Kaffees, Lichtspielhauses oder anderer gewerblicher oder kaufmännischer Unternehmungen abzielten. Alle diese Anträge wurden bisher von der Kommandantur und ihren militärischen Instanzen abgelehnt, um eine Verunglimpfung des Stadtbildes zu verhüten und das historische ehrwürdige Gebäude als Kunstdenkmal zu erhalten. Die militärischen Belange an der ›Neuen Wache‹ sind zur Zeit gering.« Der Kommandant, Generalmajor Georg Siehr, schloss mit den Worten: »Ich darf wohl annehmen, dass das Reichswehrministerium es als nobile officium betrachtet, für unsere gefallenen Helden eine würdige und schöne Gedenkstätte zu schaffen; auch würden es m. E. alle jetzigen und ehemaligen Soldaten dankbar begrüßen, wenn die Anregung dazu vom Reichswehrministerium ausgehen würde.«[80]

Eine Reaktion auf dieses Schreiben war nicht zu ermitteln, aber es fand seinen Weg in die Akten des Reichskunstwartes. Dieser wandte sich am 18. Dezember 1924 an den Reichsminister des Innern in der Hoffnung, dass man sich dort dafür einsetzen werde.[81] Zu den heute wegen der mangelnden Überlieferung nicht aufzuklärenden Vorgänge gehört in den Akten des Reichskunstwartes ein am 11. Januar 1926 von einem Regierungsbaurat Köhler aufgestellter »Kostenüberschlag über den Umbau der Neuen Wache, Unter den Linden«.[82] Ein Grund für diese Ausarbeitung mit einem geplanten Kostenaufwand von 320 000 Reichsmark wurde nicht angegeben, aber aus der Aufstellung ergibt sich, dass es sich wohl um Instandsetzungsarbeiten handelte.

Die Frage des Ehrenmals beschäftigte die Öffentlichkeit, aber auch die politischen Instanzen weiter. Man konnte sich nicht einigen, die Auseinandersetzungen gingen hin und her. Der »Deutsche Reichskriegerbund Kyffhäuser« wandte sich an das Reichsinnenministerium und erhielt am 18. April 1929 von Minister Carl Severing folgende Antwort: »In der Angelegenheit des Reichsehrenmals hat bekanntlich der Reichstag am 15. Dezember 1928 eine Entschließung angenommen und darin die Reichsregierung ersucht, von der Beratung und Beschlussfassung über die Platzwahl des Reichsehrenmals solange abzusehen, bis der deutsche Boden von fremdländischer Besatzung befreit ist. Angesichts dieser Entschließung beabsichtige ich, der Frage der Errichtung eines Reichsehrenmals bis auf weiteres keinen Fortgang zu geben.«[83]

Vor dem Hintergrund der Maiunruhen in Berlin fand vom 26. bis 31. Mai 1929 in Magdeburg der Parteitag der SPD statt. Er war von heftigen Kontroversen um die Politik der Sozialdemokratie begleitet. Der Parteivorsitzende Otto Wels bekannte sich in seinen Ausführungen zum Staat von Weimar. Der Parteivorstand legte dem Parteitag ein Wehrprogramm vor, das die SPD-Politik durch ein prinzipielles Bekenntnis zur militärischen Macht des Staates ergänzen sollte. »Kampf um die Reichswehr« lautete die Losung. Die SPD-Führer wollten dieses Machtinstrument demokratisieren und es in eine republikanische Institution umwandeln.

In zeitlichem Zusammenhang mit dem Wehrprogramm der SPD auf dem Magdeburger Parteitag stand die Entscheidung über eine veränderte Nutzung der Neuen Wache. Otto Braun stieß im Juli 1929 auf eine Notiz in der *Deutschen Zeitung*, dass die Neue Wache Schinkels immer weiter verfiele. Nach weiteren Diskussionen beschloss das preußische Staatsministerium in seiner Sitzung am 26. November 1929: »Der Anregung des Herrn Ministerpräsidenten, die Neue (Schinkel-) Wache in Berlin Unter den Linden unter möglichst geringen Kosten zu einem würdigen, den weitesten Kreisen des deutschen Volkes wie den ausländischen Besuchern der Reichshauptstadt bequem zugänglichen Ehrenmal für die Gefallenen des Weltkrieges zu verwenden, wird zugestimmt. Es soll zunächst mit dem Reichswehrminister und dem Reichsfinanzminister wegen der Überlassung des Gebäudes an Preußen in Verbindung getreten werden. Demnächst soll für die Herstellung des Gebäudes zu dem angegebenen Verwendungszwecke ein beschränkter Wettbewerb nach festen Richtlinien ausgeschrieben werden.«[84]

Braun wollte damit in den Auseinandersetzungen einen Schritt weiter kommen: Alle Wahrzeichen sollten in einem großen, für das ganze Volk greifbaren Denkmal zusammengefasst werden. Zugleich wollte er den Beweis erbringen, dass das sozialdemokratisch regierte Preußen anders als die Reichsregierung schnell und erfolgreich handeln konnte, dass die Sozialdemokratie in Preußen und in Deutschland patriotisch und national fühlte und dachte. Die Zielgruppe, die die SPD ansprechen wollte, wird im Spiegel der Landtagswahlen besonders deutlich: weitere scharfe Abgrenzung nach links, gegenüber den Kommunisten und den eigenen Mitgliedern, die diesen Kurs ablehnten, sowie Öffnung zur Mitte und nach rechts bis hin zu den Wählern der Deutsch-Nationalen Volkspartei.

In Vorbereitung auf diese Sitzung hatte der preußische Minister für Wissenschaft, Kunst und Volksbildung, Carl Heinrich Becker, Ministerpräsident Braun am 16. November 1929 folgende Stellungnahme übermittelt: »Schinkels Neue Wache würde meines Erachtens nach Lage und Eigenart als schlichte und eindrucksvolle Gedenkstätte für die Gefallenen des Weltkrieges dienen können. Mit der Frage einer solchen Verwendung, die unter vollster Schonung ihres charakteristischen Bestandes erfolgen müsste, hat sich der Konservator der Kunstdenkmäler bereits vor längerer Zeit beschäftigt. Seine Anregungen gehen im wesentlichen dahin, unter Wegnahme der in den Hof des Gebäudes einseitig vorspringenden Wachstube die schlichte Pfeilerstellung des Hofes allseitig

Vorbeimarsch der Schutzpolizei bei der Einweihung der Neuen Wache als Gedächtnisstätte am 2. Juni 1931, im Hintergrund das Kronprinzessinnenpalais.

durchzuführen und unter Verzicht auf plastische Zutaten dort ein Denkzeichen einfachster Art – etwa nur eine Steinplatte mit kurzer Inschrift – anzuordnen.

Ohne erheblichen Kostenaufwand ließe sich auf diese Weise an bevorzugter Stätte inmitten der Stadt, unter freiem Himmel und doch feierlich abgeschlossen, eine in jeder Hinsicht würdige und gleichzeitig eigenartige Stätte schaffen. Daher kann ich den Gedanken einer derartigen Ausgestaltung dieses hervorragenden Baudenkmals nur dringend befürworten, zumal eine solche Gedenkstätte, deren Errichtung den Plänen eines Reichsehrenmals in keiner Weise vorgreifen dürfte, meines Erachtens in der Reichshauptstadt nicht länger entbehrt werden kann.«[85]

Nun musste die Reichsregierung unterrichtet werden. Das geschah fernmündlich, und sofort unterrichtete der Staatssekretär der Reichskanzlei den Innenminister und den Reichswehrminister. Aus diesem Brief erfahren wir Einzelheiten, die über das Beschlussprotokoll hinausgehen: »In der Sitzung wurde auch die Frage kurz erörtert, wie das eigentliche Gefallenen-Denkzeichen gestaltet werden soll. Es wurde erörtert, ob in der Art des Denkmals für den Unbekannten Soldaten in Paris ein ewiges Feuer an dem Denkzeichen eingerichtet oder ob der von Herrn Professor Dettmann in den letzten Tagen in der ›Germania‹, in der ›Vossischen Zeitung‹ usw. gemachte Vorschlag für ein Ehrenmal verwirklicht werden solle. Nach diesem Vorschlage soll inmitten eines Baues unter einem großen Stein Erde von den Gräbern aller Kriegsschauplätze eingebettet und in einer Inschrift auf dieses symbolische Grab aller Gefallenen mit schlichten Worten hingewiesen werden.«[86]

Nun musste auch die Reichsregierung reagieren. Am 10. Dezember 1929 schrieb Reichsinnenminister Severing an den Präsidenten des Reichstags und teilte mit, dass er, nachdem die Gebiete des Westens, die für einen Standort eines Reichsehrenmals infrage kommen könnten, nicht mehr besetzt seien, beabsichtige, »(…) den in weiten Kreisen des Volkes bestehenden Wunsch der Frage der Errichtung eines Reichsehrenmals weitere Folge zu geben (…)«.[87] Zugleich lud er für den 17. Dezember zu einer Sitzung ein, da »(…) das Preussische Ministerium vor einigen Tagen den Beschluss gefasst hat, die Neue Wache zu einem Ehrenmal für die Gefallenen des Weltkrieges zu verwenden. Da dieser Beschluss in enger Verbindung mit der Frage des Reichsehrenmals steht und diese Frage von mir schon seit langer Zeit federführend bearbeitet wird, halte ich vor weiterer Ausführung des Beschlusses (…) eine kommissarische Besprechung der Angelegenheit für notwendig und erwünscht.«[88]

Auf dieser Sitzung wurden zunächst Detailfragen behandelt und festgestellt, »(…) daß die Neue Wache

Reichseigentum sei und von ihr genutzt werde. Es befänden sich dort Fernsprechleitungen, die verbleiben müssten; gesprochen werde aber von der Kommandantur aus.«[89] Der Reichskunstwart verwies auf die festgestellten Kosten von 320000 Reichsmark für den Ausbau der Wache, die als zu hoch angesehen wurden. Den Vorschlag einer privaten Sammlung sah man im Reichsinnenministerium skeptisch. Dessen Vertreter erklärte, »(...) daß es besser sei, wenn Reich und Preußen gemeinsam die Mittel geben. Dann werde es auch leichter möglich sein, den unerwünschten Versuch eines Einflusses privater Kreise auf die Ausgestaltung des Ehrenmals abzuwehren.«[90]

In dieser Aussage liegt einer der wesentlichen Gründe, warum entgegen der öffentlichkeitswirksamen Propagierung eines Reichsehrenmals in Bad Berka im Hinblick auf die Neuen Wache eine schnelle Einigung erzielt werden konnte. Reichs- und preußische Regierung, beide zu dem Zeitpunkt sozialdemokratisch geführt, wollten sich gegen ihre politischen Gegner auf der Rechten durchsetzen. Das Ergebnis fasste Minister Severing zusammen: »Der Reichsminister des Innern wird unverzüglich sich schriftlich an den Preussischen Ministerpräsidenten wenden, die Ausgestaltung der Schinkelwache als Ehrenmal durch das Reich und Preussen vornehmen zu lassen. Damit sollten alle anderen Pläne, insbesondere das Berkaer Projekt, entfallen.« In diesem knappen, letzten Satz drückte sich wohl der andere Teil der Bestrebungen der SPD aus, das Konkurrenzprojekt der mehrheitlich konservativen Verbände zu unterlaufen; ein Gedanke, der öffentlich nicht artikuliert werden konnte.

Deshalb hielt die Notiz über diese Besprechung auch fest: »Sobald Preussen diesem Plan zugestimmt hat, wird der Reichsministers des Innern mit dem

Kriegsinvaliden bei der Einweihung der Neuen Wache als Gedächtnisstätte am 2. Juni 1931.

Reichspräsidenten über die Angelegenheit sprechen. Der Reichspräsident hat bisher als besonders bedeutsam angesehen, dass die 4 grossen Frontkämpferverbände sich auf Berka als Platz für das Reichsehrenmal geeinigt hätten. Es sei jedoch zu hoffen, dass der Reichspräsident auch dem Plan der Schinkelwache, den er ursprünglich begrüsst hat, wohlwollend gegenüberstehe, wenn Reich und Preussen sich geeinigt hätten.« Die Frontkämpferverbände wollte man nur informieren.[91] Bereits am 13. Dezember 1929 hatte Reichswehrminister Wilhelm Groener mitgeteilt, dass er das Vorhaben grundsätzlich begrüße: »Meine Zustimmung zu diesem Plane mache ich jedoch davon abhängig, daß das neue Ehrenmal zu gleichen Teilen vom Preußischen Staat und von der Reichswehr errichtet und später verwaltet wird.«[92] Auch hier wird die Absicht deutlich, endlich zu einem Ende der ausufernden Ehrenmals-Diskussion zu kommen.

Blick in das Innere der Neuen Wache nach der Umgestaltung zur Gedächtnisstätte durch Heinrich Tessenow, 1931.

Am 23. Dezember 1929 schrieb Reichsinnenminister Severing an den preußischen Ministerpräsidenten Braun und teilte ihm mit, dass das Vorhaben allgemein begrüßt werde und weiter: »Die Vertreter der Reichsregierung machten indes übereinstimmend geltend, dass es notwendig sei, das Reich an der Ausführung des Planes zu beteiligen. Weite Kreise des deutschen Volkes würden es nicht verstehen, wenn in der Reichshauptstadt nicht ein Reichs-, sondern ein preussisches Ehrenmal geschaffen würde.« Und dann folgt der entscheidende Satz: »Durch eine Beteiligung des Reiches würde weiter die langumstrittene Reichsehrenmalfrage endlich ihre befriedigende Lösung finden.«[93]

Undatiert hat sich in den Akten der Aufruf eines *Verein(s) Reichausschuss für das Reichsehrenmal* erhalten. Er dürfte vom Anfang des Jahres 1930 stammen und richtete sich gegen das Vorhaben der preußischen Regierung. Auch andere meldeten sich zu Wort, so wandte sich der Bund Deutscher Architekten, Landesbezirk Brandenburg an den Magistrat von Berlin und legte einen Entwurf des Architekten Josef Tiedemann vor, der ein Reichsehrenmal im Lustgarten konzipiert hatte. Unterschrieben war der Brief von Otto March, er belegt ein weiteres Mal, dass das Projekt die Öffentlichkeit nachhaltig beschäftigte.[94]

Am 17. Mai 1930 reagierte Staatssekretär Meissner von der Reichspräsidialkanzlei im Auftrag Hinden-

Innenraum der Neuen Wache in der Gestaltung als Gedächtnisstätte, Foto von Waldemar Titzenthaler, um 1931.

burgs: »Angesichts der Propaganda, die von Seiten verschiedener Ausschüsse für die Errichtung eines Ehrenmals für die Kriegsgefallenen zurzeit betrieben wird, hat der Herr Reichspräsident mich beauftragt, Ihnen, sehr geehrter Herr Reichskanzler, mitzuteilen, dass er nach wie vor gemeinsam mit den Frontkämpferverbänden die Anlage des Reichsehrenmals in Berka für die beste Lösung hält. Der Herr Reichspräsident hält es für ausgeschlossen, in Widerspruch zu den Verbänden der Frontsoldaten einen der anderen aufgetretenen Gedanken durchzuführen.« Damit war das Projekt Severings gescheitert; es stellte sich als Illusion heraus, dass der Reichspräsident auf die Seite der Sozialdemokratie gezogen werden könne. Versöhnlich dann der weitere Wortlaut: »Wenn neben dem Reichsehrenmal in Berka für die Stadt Berlin oder für Preussen in der Schinkel´schen Hauptwache eine weitere Gedenkstätte für die Gefallenen des Weltkrieges geschaffen wird, so würde der Herr Reichspräsident auch dies begrüssen.«[95]

Der Gedanke eines Reichsehrenmals in der Neuen Wache hatte sich damit erledigt, der preußische Staat war nun auf sich allein gestellt. In einer Besprechung am 24. Februar 1930 verständigte man sich über Einzelheiten der Umbaumaßnahmen. Man kam überein, die Militärtelefonanlage abzubauen und die Heizerwohnung im Obergeschoss der Wache zum 1. Juli zu kündigen. Zugleich einigten sich die Beteiligten auf einen Kostenrahmen von 300 000 Reichsmark, die sich Preußen und das Reich teilen sollten.[96] Für den 16. August 1930 war der Beginn der Bauarbeiten geplant.

Am 25. April 1930 lag das Wettbewerbsprogramm für den Umbau in Reinschrift vor und konnte am 30. April an die Teilnehmer versandt werden. Einleitend hieß es: »1) Die Regierungen des Reiches und des Preußischen Staates haben beschlossen, in Berlin eine bisher fehlende Gedächtnisstätte für die Gefallenen des Weltkrieges zu schaffen und zu diesem Zwecke das Innere der sogen. Neuen Wache Unter den Linden umzugestalten.« Der Wettbewerb war beschränkt, Entwürfe einreichen sollten Peter Behrens, Erich Blunck, Hans Grube, Ludwig Mies van der Rohe, Hans Poelzig und Heinrich Tessenow, bekannte Architekten ihrer Zeit. Jeder Teilnehmer erhielt eine Vergütung von 2 500 Reichsmark.

Zugleich wurde ein Begutachtungsausschuss berufen, dem Ministerialdirektor Kießling und Ministerialrat Dammeier von der Hochbauabteilung im Preußischen Finanzministerium, Stadtbaurat Wagner (Berlin), Wilhelm Kreis (Dresden), Ministerialrat Dr. Hiecke, Konservator der Kunstdenkmäler Preußens, Reichskunstwart Dr. Redslob, der Kunstschriftsteller Karl Scheffler und Wilhelm Waetzold, Generaldirektor der Staatlichen Museen, angehörten. In der Aufgabenstellung stand nun statt »Ehren-

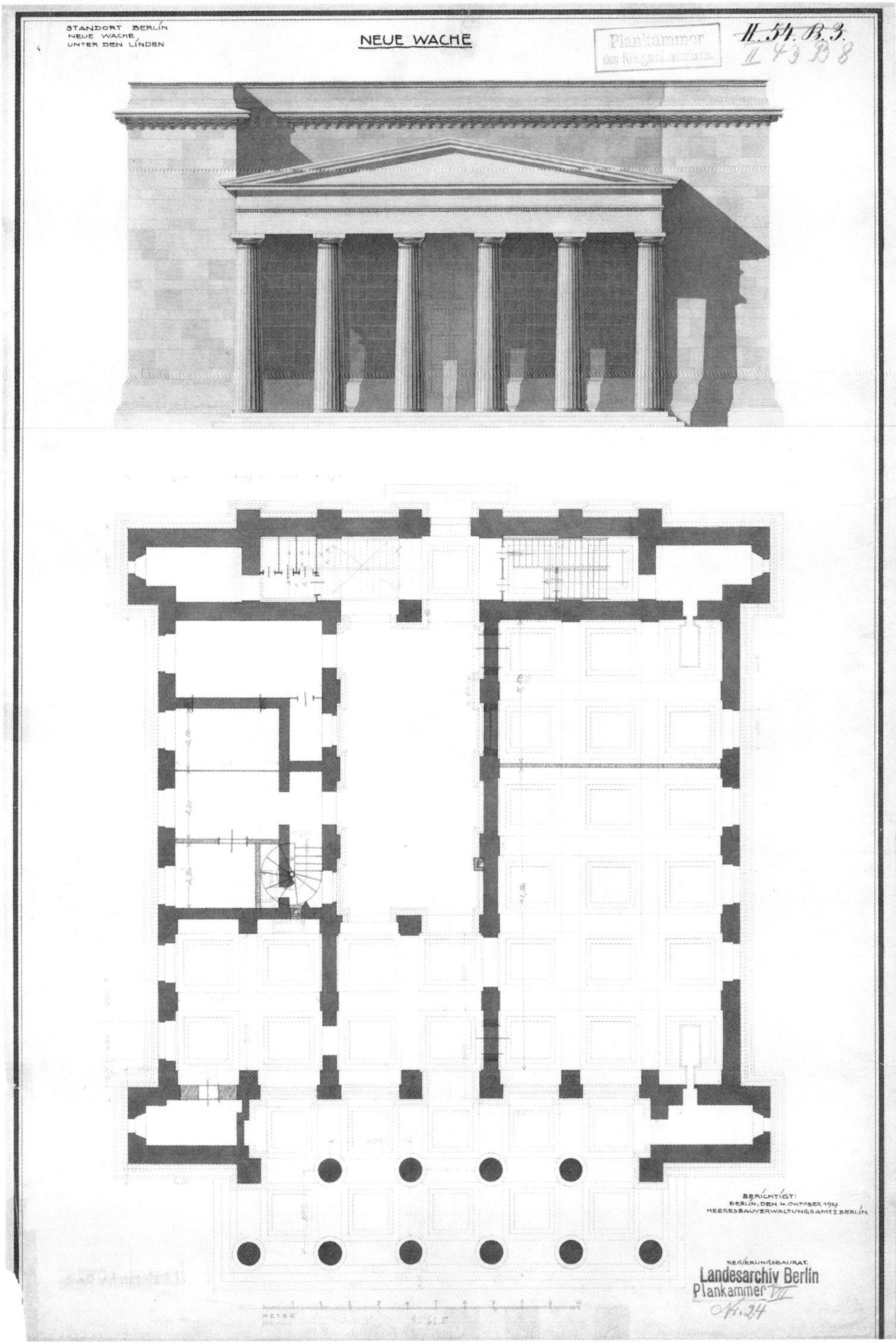

Ansicht der Neuen Wache sowie Änderungen der inneren Raumeinteilung, eingezeichnet die Treppen, die zur Wohnung im Obergeschoss führten, undatierte Zeichnung (1920er-Jahre).

mal« nur noch »Gedächtnisstätte«. Unter der Überschrift *Eine neue Wendung in der Reichsehrenmalfrage* legte das Telegraphenbüro Wolff am 23. Juni eine Meldung vor, die mehr verwirrte als Aufklärung schuf. Die Quintessenz war: »Auf jeden Fall hat Preussen damit die Initiative ergriffen und die Lage für das Reich in der Frage des Ehrenmals sicherlich nicht erleichtert.«[97]

Am 15. Juli 1930 traten die Gutachter zusammen. Als Sieger aus dem Wettbewerb ging Heinrich Tessenow hervor, ein von konservativen Politikern besonders geschätzter Architekt; Mies van der Rohe und Poelzig erhielten den zweiten und den dritten Preis.[98] Nun hatte alles sehr schnell zu gehen; der preußische Ministerpräsident Otto Braun wollte den Umbau bis Anfang November 1930 abgeschlossen wissen, um am 23. jenes Monats die Einweihung vornehmen zu können (wozu es allerdings wegen des Umfangs der Arbeiten nicht kam, die Einweihung konnte erst knapp ein Jahr später stattfinden, s. u.).[99]

Im Juli 1930 begannen die Arbeiten. Dazu mussten zunächst die bisherigen Innenräume beseitigt werden. Gleichzeitig liefen Ausbesserungsarbeiten an der äußeren Gebäudehülle, an schadhaften Sandsteingesimsen, Säulensockeln und Granitstufen. Im Inneren ließ Tessenow die fünf großen Fensteröffnungen in der Rückwand der Vorhalle abreißen und durch drei Portale ersetzen. Die Fensternischen an den Seiten wurden mit Rathenower Backsteinen zugemauert, blieben aber als Blendnischen erhalten. Auf jedes dekorative Beiwerk wurde verzichtet. Ein dunkler Gedenkstein in der Mitte der so entstandenen Halle, unter einer Lichtöffnung, bildete den Höhepunkt; auf den Stein legte Tessenow einen Eichenkranz aus Platin, Silber- und Goldblättern. Geschaffen wurde dieser Kranz von Bildhauer Ludwig Gies.[100]

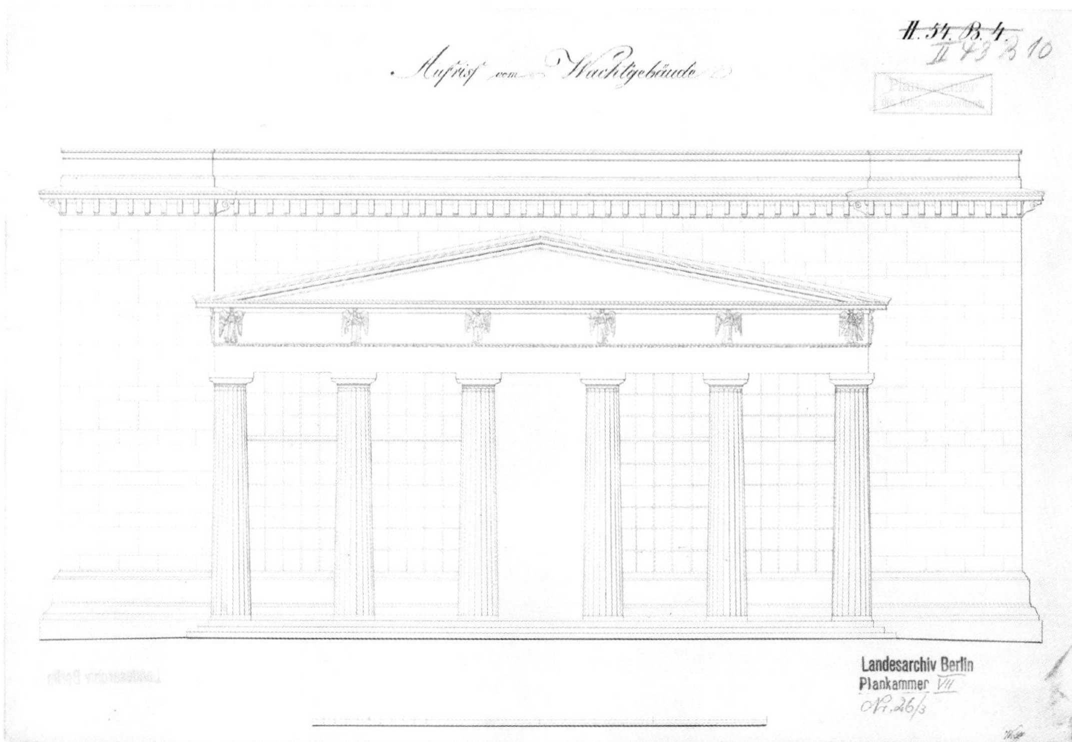

Aufriss der Neuen Wache, undatierte Zeichnung.

In der Zeit zwischen Auftragserteilung und Einweihung der »Gedächtnisstätte für die Gefallenen des Weltkrieges« traten weitere interne Auseinandersetzungen zutage sowie ein Umschwung der öffentlichen Meinung. Otto Braun sah seine Aufgabe nun darin, das Regierungsschiff zwischen der »Scylla des Faschismus und der Charybdis des Bolschewismus« hindurchzusteuern. Mitte Juni 1930 verbot die preußische Regierung ihren Beamten die Mitgliedschaft sowohl in der NSDAP wie in der KPD und jede Unterstützung dieser Parteien. Zu den weiteren Schritten des Kampfes gegen den »Extremismus von links und rechts« gehörten das *Gesetz über die vorläufige Neuregelung der Gemeindeverfassung für Berlin* vom 30. März 1931 und das *Polizeiverwaltungsgesetz* vom 12. Mai 1931.

Ein Geheimbefehl Brauns und Severings, in aller Stille gemeinsam mit der Reichswehr einen »Landesschutz« in allen preußischen Provinzen aufzubauen, geheime Mobilmachungsvorbereitungen durchzuführen, geheime Wehrbezirksämter und Stammrollen einzuführen und Freiwillige aus allen Parteien – mit Ausnahme der Kommunisten – für den geplanten geheimen »Landesschutz« zu werben, war eine weitere Maßnahme. In der sich verschärfenden ökonomischen und gesellschaftlichen Krise der Weimarer Republik versuchte die sozialdemokratische Führung, mittels derartiger Maßnahmen die parlamentarische Demokratie zu retten.

Teile der hinter den Kulissen geführten Auseinandersetzungen um die Neue Wache drangen in die Öffentlichkeit, wurden jedoch von den Verwaltungen stillschweigend geregelt. So gab es etwa Auseinandersetzungen um eine Rede Otto Brauns am 16. März 1930 in Magdeburg. Nach Zeitungsmeldungen hatte er ausgeführt: »Er persönlich lasse sich nicht den Tag und die Stunde vorschreiben, an denen er um die Toten im Weltkrieg trauere. Er lasse sich den Tag umso

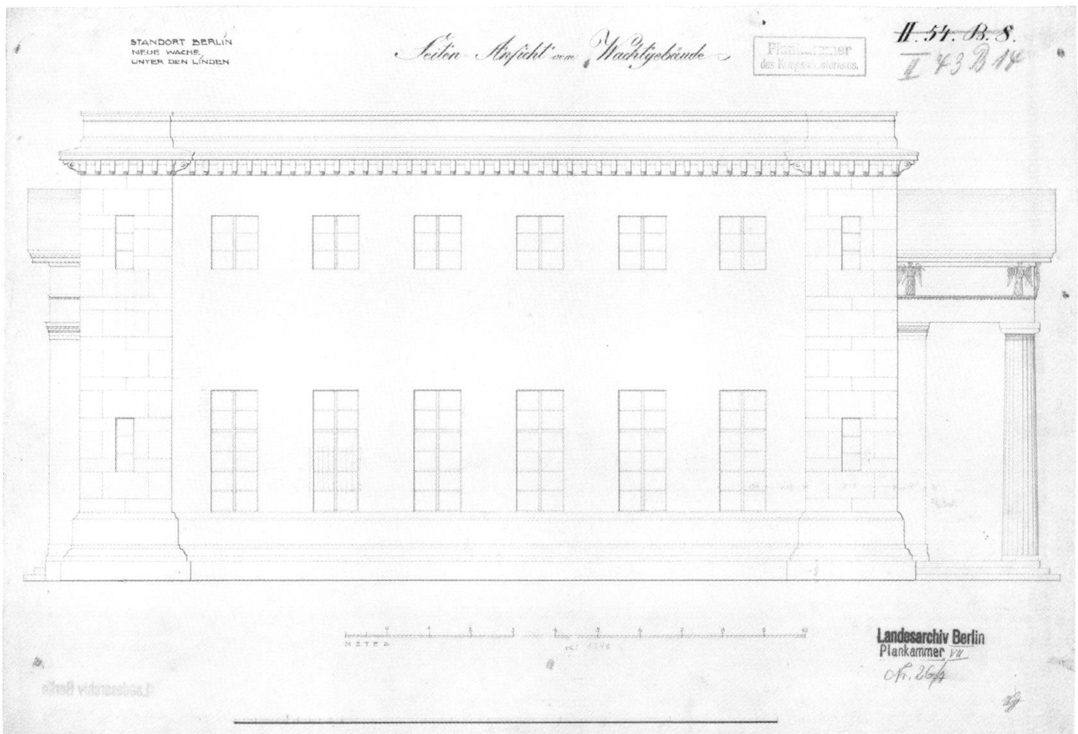

Seitenansicht der Neuen Wache, undatierte Zeichnung.

mehr nicht vorschreiben, als man bei den Veranstaltungen des privaten Vereins für Kriegsgräberfürsorge sich nicht des Verdachts erwehren könne, daß hier das Gedächtnis unserer Toten mißbraucht werde, um einen gewissen verderblichen Revanchegedanken zu wecken und wach zu halten.«[101] Reichswehrminister Groener protestierte beim Reichskanzler, denn diese Bemerkung zielte auf die Veranstaltung zum Volkstrauertag. Groener sah darin »(...) eine öffentliche Kritik an den obersten Beamten des Reichs und der Wehrmacht (...). Sie wiegt umso schwerer, weil es sich hierbei nicht um die Entgleisung eines unverantwortlichen politischen Fanatikers handelt, sondern um eine Äußerung des Ministerpräsidenten des größten deutschen Landes, der wiederholt erklärt hat, daß das Reich seine stärkste Stütze in den staatserhaltenden Tendenzen Preußens finde.«[102]

Ein Vermerk vom 23. Juli 1930 hielt in den Akten der Reichskanzlei fest: »Nach einer im Auftrage des Herrn Staatssekretärs geführten mündlichen Rücksprache mit Generalmajor von Schleicher hat sich dieser damit einverstanden erklärt, daß beide Angelegenheiten [gemeint war neben den Ausführungen Brauns die antimilitaristische Ausstellung *Krieg und*

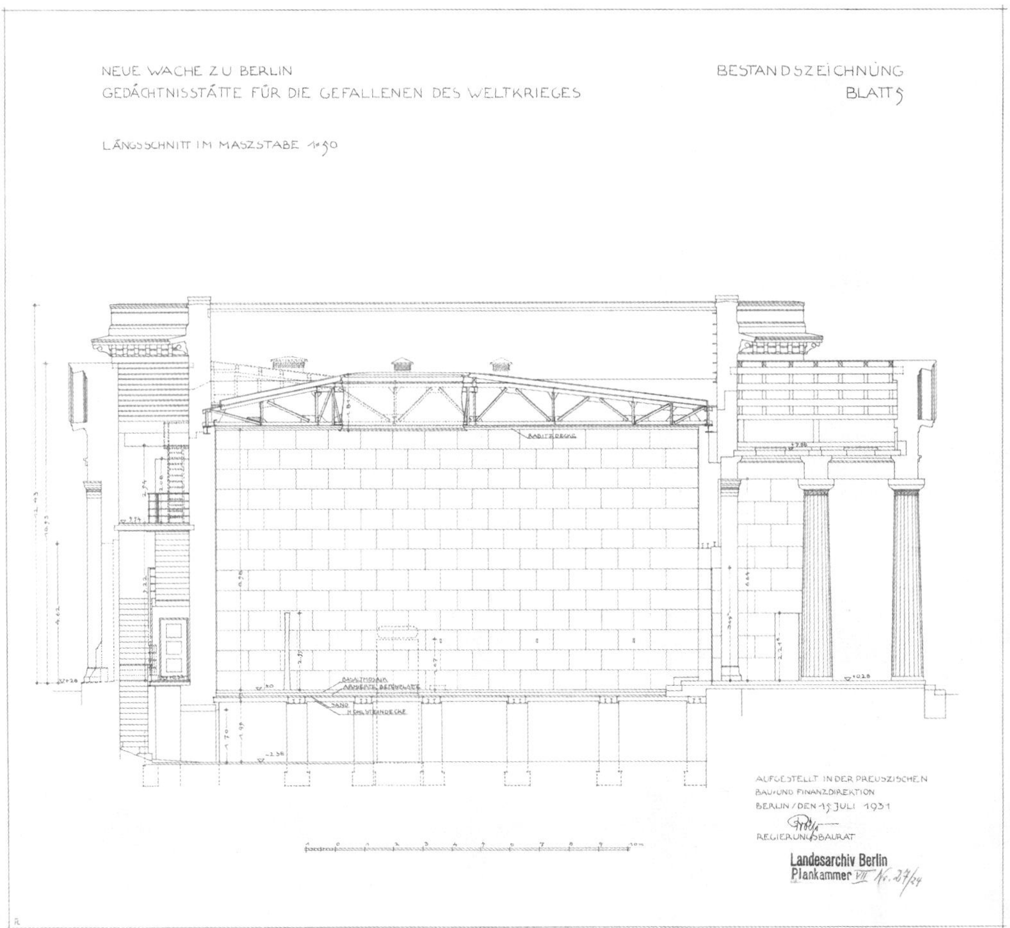

Längsschnitt durch die Neue Wache nach dem Umbau als Gedächtnisstätte der Gefallenen des Weltkrieges vom 19. Juli 1931.

Frieden in Breslau, d. Verf.] vorläufig ruhen, da es politisch nicht angezeigt erscheint, sie gerade jetzt zu verfolgen.«[103] Der Reichswehrminister zeigte sich gar nicht zufrieden und schrieb am 28. Oktober 1930 erneut an den Reichskanzler: »Es handelt sich dabei um die grundsätzliche Frage, ob die Reichsregierung es ohne Weiteres hinnehmen kann, wenn von maßgebenden Stellen des größten deutschen Landes weiterhin kulturbolschewistischen Bestrebungen Vorschub geleistet und ernste Feiern, an denen der Herr Reichspräsident und Organe des Reiches in hervorragendem Maße beteiligt sind, öffentlich herabgesetzt werden.« Er habe zwar zugestimmt, die Dinge wegen anderer wichtiger Arbeiten auszusetzen, es sei aber jetzt an der Zeit, »die erforderlichen Maßnahmen zu treffen, um die Wiederholung solcher bedauerlichen Vorfälle auszuschließen«.[104] Deutlich ist hier die Disziplinierungsabsicht Groeners gegenüber der preußischen Staatsregierung zu verspüren, was ein bezeichnendes Licht auf die Vorgänge im Hintergrund wirft, die sich um den Komplex »Reichsehrenmal« und »Gedächtnisstätte« abspielten.

In einem vertraulichen Schreiben vom 27. Januar 1931 antwortete der Staatssekretär in der Reichskanz-

Ansicht der Rückseite der Neue Wache nach dem Umbau als Gedächtnisstätte der Gefallenen des Weltkrieges vom 19. Juli 1931. Der Raum hinter der Tür diente als Aufbewahrungsort für die Kranzschleifen.

lei auf die Briefe Groeners: »Der Herr Reichskanzler hat mit großer Befriedigung dem Schreiben Euer Exzellenz vom 9. Januar 1931 (...) entnommen, daß endlich durch die Preußische Staatsregierung die vom Reichskabinett beschlossenen Richtlinien für den Grenz- und Landesschutz für den preußischen Staatsbereich in Kraft gesetzt worden sind.« Und weiter: »Unter diesen Umständen bittet der Herr Reichskanzler Euer Exzellenz, einer erneuten Prüfung unterziehen zu wollen, ob eine Anzahl von Streitfragen, die seit längerer Zeit zwischen Reichswehrministerium und Preußischer Staatsregierung schweben, nicht vorläufig einmal zu den Akten geschrieben, oder aber (...) durch unmittelbare Verhandlung (...) aus der Welt geschafft werden können.«[105] Aber Braun wollte sich seine ablehnende Haltung zum Krieg nicht nehmen lassen. Sein Motiv lag im Gedenken an die Opfer und darin, dieses in der Öffentlichkeit bewusst und gleichzeitig jeden Revanchegedanken unmöglich zu machen. Das preußische Staatsministerium fasste am 28. April 1931 außerhalb der Tagesordnung den Beschluss über die Vorbereitungen zur »Einweihung des Ehrenmals Unter den Linden«, die in den Händen des Reichswehrministeriums und von Seiten Preußens beim Finanzminister und dem Minister für Wissenschaft, Kunst und Volksbildung lagen.[106]

Vorderansicht der Neue Wache nach dem Umbau als Gedächtnisstätte der Gefallenen des Weltkrieges vom 19. Juli 1931.

Am 2. Juni 1931 versammelten sich der Reichspräsident, der Reichswehrminister sowie die Spitzen des preußischen Staates zur Einweihungsfeier der Neuen Wache als Gedenkstätte für die Toten des Ersten Weltkriegs. Die Reichswehr stellte ein Fahnenkommando mit den Fahnen der alten kaiserlichen Armee. Trotz militärischen Gepränges dominierte die Zivilkleidung. Ministerpräsident Braun führte aus: »Das Ehrenmal, zu dessen Einweihung wir hier versammelt sind, soll in der Reichshauptstadt das Gedächtnis an die Toten des Weltkrieges wacherhalten, nicht nur an die Söhne Berlins oder Preußens, sondern an die gefallenen Söhne des ganzen Deutschland. Die Republik Preußen, der man zu Unrecht so oft Vernachlässigung der Tradition zum Vorwurf macht, hat dieses Denkmal errichtet an der preußischsten Stelle ganz Preußens, und dafür eines der edelsten Bauwerke des berühmten Meisters altpreußischer Baukunst bestimmt. Und auch das Gold, aus dem der den Stein krönende Lorbeerkranz von Künstlerhand gebildet ist, hat seine Geschichte. Er ist gewonnen aus dem eingeschmolzenen Golde preußischer Orden, die Generationen der Vorkriegszeit in Ehren getragen haben.«

Die Bemerkung von der »preußischsten Stelle ganz Preußens« ist etwas unklar, es muss offen bleiben, was hinter diesem Satz stand, aber er meinte vermutlich das demokratische Preußen, aber auch die Erinnerung an die Befreiungskriege. Ebenso gibt es keinen Beleg darüber, dass für den Eichenkranz tatsächlich Ordensgold eingeschmolzen worden wäre. Braun sprach im Weiteren von schweren, bevorstehenden Zeiten, formulierte aber mit Nachdruck, dass in diesem Denkmal »(...) die nachkommenden Geschlechter Wache halten über dem Gedächtnis und der Ehre der zwei Millionen Söhne Deutschlands, die für den Gedanken und für die Rettung des Vaterlandes ein Blutopfer brachten, wie es bis dahin in der Weltgeschichte unerhört war und wie es, so hoffen wir, und dafür wollen wir uns einsetzen, der Gang der Geschichte niemals wieder fordern wird.« Waren die vorhergehenden Aussagen noch unklar, diese war es nicht. Der Wiedererrichtung der militärischen Macht stimmte Braun offen zu, aber neue und vielleicht größere Blutopfer in einem weiteren Krieg, dafür wollte sich die SPD diesmal nicht wieder wie 1914 öffentlich einsetzen.

Reichswehrminister Groener passte seine Ausführungen moderat dieser Linie an, doch er bezog sich zunächst nicht auf das Gedenken, sondern sprach von der umgebauten Wache, die »(...) von den Kämpfern von Leipzig und Belle-Alliance« erbaut worden und ein Jahrhundert ein Wahrzeichen des preußischen Heeres gewesen sei – diese Bezüge waren vom Reichswehrminister jedoch aus der Luft gegriffen. Dann sprach Groener von »heroischer

Größe«, von der »Größe des Heldentums, heiligem Feuer der Vaterlandsliebe«, dem »Geist der Pflicht und Opferbereitschaft«, der für die Zukunft nutzbar zu machen sei. Diese Stätte sei deshalb »nicht eine Stätte des Todes, sondern des Lebens«. Das waren andere Töne, noch aber zurückhaltend. Reichspräsident Paul von Hindenburg sprach von einer »(...) Welt von Feinden«, und forderte, dass diese »Gedächtnisstätte dazu beitragen [solle], die innere Einigkeit zu fördern«.[107]

Doch ein Schatten lag über der Einweihung, der Otto Braun persönlich betraf. Teile der kaiserlichen Generalität, die zu dieser Feier geladen waren und mit denen als Höhepunkt zu eben diesem Ereignis eine Versöhnung erfolgen sollte, blieben der Veranstaltung fern. Ihre Begründung war, dass ein »vaterlandsloser, antinationaler« Mann die Einweihung vollziehe. Die von der SPD-Führung bewusst angestrebte öffentliche Demonstration der im Hindenburg'schen Sinne gebildeten »inneren Einigkeit« gegen links und nach außen fand somit nur bedingt statt. Der *Völkische Beobachter*, die Zeitung der NSDAP, sprach übertrieben von einem »wohlverdienten Tritt«, den Braun erhalten habe. So blieb diese Gedächtnisstätte von Anfang an umstritten.

Es folgte die Regelung der Formalitäten. Auf Weisung des Reichswehrministeriums vom 15. Juli 1931 wurde am 16. Juli das »Dienstgebäude der Neuen Wache an die Preussische Bau- und Finanzdirektion« übergeben. Die Formulierung des Übergabeprotokolls war knapp: »Da die Neue Wache bereits als Gedächtnishalle umgebaut und geweiht war, wurde das Grundstück in dem Zustande übergeben bezw. übernommen, in dem es sich befand.«[108] Ein militärisches Gepränge erhielt die Gedächtnisstätte nicht. Bewacht wurde die Anlage durch zwei Schutzpolizisten, zeitweise in Zivil. Es gab zwar noch einen Wachaufzug in Berlin, dessen Ziel aber war das Reichspräsidentenpalais in der Wilhelmstraße 73, das ehemalige Hausministerium der Hohenzollern. Hier wurde seit dem Amtsantritt Hindenburgs als Reichspräsident im Mai 1925 zweimal die Woche ein Wachaufzug veranstaltet, und jedes Jahr am 21. Mai zog die »Skagerrak-Wache« zur Erinnerung an die Seeschlacht des Jahres 1916 auf.

»Reichsehrenmal«?

Scheinbar mühelos integrierten die NS-Herrscher, nachdem sie durch eine demokratische Wahl am 30. Januar 1933 an die Macht gekommen waren, das Gefallenendenkmal der Neuen Wache in ihre Propaganda. Da Antimilitarismus und Antikriegsanliegen in der 1931 geschaffenen Denkmalfassung ohnehin nur verhalten zum Ausdruck kamen, nutzten die neuen Machthaber ab 1933 die ihnen nun zur Verfügung stehenden Möglichkeiten, das Denkmal ihren Zielsetzungen entsprechend umzuinterpretieren.

Der Volkstrauertag des Jahres 1933 war auf den 12. März festgelegt. Knapp sechs Wochen nach der Machtübernahme konnten die neuen Herrscher allerdings ihre künftige Interpretation von Tag und Ort noch nicht umsetzen; die Zeit war zu kurz und »andere dringende Maßnahmen« zum Aufbau und zur Festigung der totalitären Macht ließen an diesem Ort noch keine tiefgreifenden Veränderungen zu. Allerdings wurden durch den Reichspräsidenten auf Antrag der neuen Reichsregierung die nunmehr

Formierung zum Großen Wachaufzug in der Kaserne Moabit, 1933.

wieder in kaiserzeitlichem Schwarz-weiß-rot gehaltenen Reichsfarben und die Hakenkreuzfahne gleichgestellt, beide Fahnensymbole galten als gleichrangig, um so das Kaiserreich in eine Traditionslinie mit dem »neuen Deutschland« zu stellen.

Die Sogwirkung der nationalen Propaganda, die in der Weltwirtschaftskrise reiche Blüten getrieben hatte, sowie inszenierte Aktionen wie der »Tag von Potsdam« ließen bei Teilen der Bevölkerung Hoffnungen keimen, dass eine Neugestaltung, die auch soziale Nöte beseitigte, das anhaltende »Parteiengezänk« der Weimarer Zeit überwinden könne. Am »Tag von Potsdam«, bewusst auf den Frühlingsanfang, den 21. März des Jahres 1933, gelegt, sollte Aufbruch demonstriert werden. Seit dem 12. März zogen wieder Ehrenposten vor der Neuen Wache auf und Große Wachaufzüge fanden am Dienstag, Freitag und Sonntag statt. So sollten die Toten dauerhaft geehrt und zugleich die Rituale der Kaiserzeit wiederbelebt werden.

Architekt Tessenow machte sich nun über die Zukunft seiner Denkmalfassung Sorgen, da die Angriffe auf sein Werk von Seiten der Nazibewegung in den vergangenen beiden Jahren sehr massiv gewesen waren. Unter den zahlreichen gehässigen Bemerkungen ragte die des Oberleutnants a.D. Friedrich Spremberg heraus. Der schrieb in der Zeitung *Beobachter vom Bau, Westdeutsche Bauzeitung* vom 25. Dezember 1931: »Im Sinne Weimars soll das echte Deutsche Volkstum durch Blutaufspaltung untergangsreif gemacht werden. Das ist der wahre Sinn des ›Totenmals‹ in Berlin.«[109] Zugleich veröffentlichte er eine Vortragsankündigung zu dem Thema mit dem Zusatz: »Der Vortrag ist nicht für Damen geeignet. Fremdstämmige werden gebeten, den Vortrag nicht zu besuchen.«[110]

Um sich mit dem neuen Regime zu verständigen, schrieb Tessenow am 8. April 1933 an den frischberufenen preußischen Finanzminister Johannes Popitz und äußerte sich darin sehr befriedigt über

Großer Wachaufzug, 1933.

(oben) **Wachablösung an der Neuen Wache, der kommandierende Offizier zu Pferde, 1933.**

(unten) **Auf dem Weg zur Wachablösung an der Neuen Wache 1933. Die Soldaten passieren den Pariser Platz.**

die neuen militärischen Rituale rund um das Denkmal: »Seit dem letzten Volkstrauertag hat das Ehrenmal ›Neue Wache‹ den Reichswehrdoppelposten, den ich als Architekt des Ehrenmalbaues s. Z. wiederholt und dringlich anzuordnen bat, der aber durch die damalige Preußische Regierung immer wieder sehr bestimmt als unnötig oder ungehörig abgelehnt wurde. Meinem Urteile nach ist dieser Doppelposten eine notwendigste und wirksamste Ergänzung der gesamten Ehrenmalsform und so ist er für diese auch meinem Urteile nach ein grösster Gewinn (...). Es ist im Besonderen der eindeutig soldatische Klang, den dieser Reichswehrdoppelposten dem Ehrenmal in so einfacher und selbstverständlicher Weise gibt und den ich für die Gestaltung dieses Ehrenmals immer als etwas besonders Wichtiges gewertet habe.« Gleichzeitig bat er darum, in alle künftigen Veränderungen einbezogen zu werden.[111]

Am 28. April 1933 wandte sich die »Parteigenossin Oberkonsistorialrat E. Koch, Berlin-Charlottenburg« an den Oberpräsidenten der Provinz Brandenburg, Gauleiter Wilhelm Kube, und dankte ihm im Name der 1. Frauentagung der rechtskonservativen Glaubensbewegung »Deutsche Christen« für das entgegengebrachte Interesse durch Entsendung eines Vertreters. Weiter dann: »Sogleich sprechen sie die Bitte aus, daraufhin zu wirken, daß im Ehrenmal (Schinkelwache) gegenüber dem Eingang ein schlichtes Kreuz an der glatten Wand angebracht werden, zum Zeichen, daß wahres Christentum und heldisches Volkstum zusammengehören.«[112] Noch gab es Unsicherheiten, es herrschte unter den Führungsgestalten des neuen Regimes Unklarheit darüber, wie mit der Gedächtnisstätte umgegangen werden sollte. Kube gab das Schreiben an den Staatssekretär im preußischen Innenministerium, Ludwig Grauert, weiter, der sandte

Volkstrauertag, 12. März 1933, vorn links Adolf Hitler, rechts neben ihm Paul von Hindenburg, rechts daneben Franz von Papen.

es sofort an Staatsekretär Körner im Staatsministerium und der wiederum an das preußische Finanzministerium.

Inzwischen war in der *Deutschen Allgemeinen Zeitung* vom 21. Mai 1933 ein Artikel mit der Überschrift *Kreuz und Ehrenmal* erschienen. Dort hieß es: »Bei aller Anerkennung der schlichten und würdigen Architektur fehlt mir jedes Mal bei dem Betreten der Innenhalle das Symbol, das für mich untrennbar mit dem Gedenken der gefallenen Helden erscheint und zwar das Symbol des Kreuzes. Meinem Gefühl nach gehört ein Kreuz an die große Fläche der Rückwand. Ich möchte deshalb jetzt einen lang gehegten Gedanken zur Erörterung stellen, ob nicht, auch vom künstlerischen Standpunkte aus, dazu das allen bekannte Symbol des Weltkrieges – das schlichte Eiserne Kreuz – am geeignetsten wäre und damit vom Standpunkte des Deutschen, des Christen und des Kriegsteilnehmers dem Raum der fehlende Schmuck gegeben wird. Ich glaube anzunehmen dürfen, daß es bei dem seinerzeitigen Entwurf und Bau bewusst unterlassen wurde, ein solches Zeichen anzubringen, da man ja bestrebt war, alles, was mit Christentum zu tun hatte, möglichst aus dem öffentlichen Leben zu verdrängen.«[113]

Popitz leitete diesen Wunsch an Tessenow weiter, dieser war nur widerstrebend bereit, ein Kreuz in den Raum zu integrieren.[114] Ihm schien die Kombination von Gedenkstein, Kranz und Kreuz unpassend. Letztendlich aber gab er dem staatlich sanktionierten öffentlichen Druck nach. Angebracht wurde allerdings kein Eisernes Kreuz, sondern ein schlichtes Holzkreuz, und so erhielt der Innenraum nun den Charakter einer christlichen Kapelle.[115] Dieser wenig beachtete Schritt ist im Zusammenhang mit dem antisemitischen und rassistischen Grund-

Innenansicht der Neuen Wache mit Kreuz, 1935.

zug der NS-Herrschaft zu sehen; Soldaten jüdischer Herkunft waren damit aus dem Totengedenken ausgeschlossen. Sie konnten laut Regime-Ideologie ohnehin keine Helden sein, im Gegensatz zu den anderen, »arischen« Angehörigen der kaiserlichen Armee, die im Krieg für Deutschland gefallen waren. Zugleich unternahmen die neuen Machthaber damit den Versuch, die Kirchen in ihre Pläne einzubeziehen und sie sich dienstbar zu machen. 1936 hieß es in einer Broschüre über de Neue Wache: »Als Symbol des christlichen Volkes im erneuerten Reiche wurde im Jahre 1933 das große Kreuz an der inneren Rückwand errichtet.«[116] Zu einem nicht zu ermittelnden Zeitpunkt des Jahres 1934 – vermutlich zum »Heldengedenktag« – wurden links und rechts des Portikus auch noch zwei große, temporäre Kränze angebracht, die den Weihecharakter der Anlage besonders betonen sollten. Diese Kränze wurden aber nicht ständiges Schmuckelement des Gebäudes. Im Inneren tauchten nun Kandelaber nachts die Halle, die tagsüber durch das Oberlicht in der Decke erhellt wurde, in ein Licht, das an eine christliche Totenhalle erinnerte. Das war die feierliche Einstimmung in ein mythisches Bild, das den Wandel dieser Erinnerungsstätte zeigte, sie entrückte, sie überdimensionierte, um Bewunderung für Heldentum zu erzeugen und so Einstimmung auf die Ideale der Nazi-Ideologie zu erzielen.

Die extremsten, revanchistischsten und chauvinistischsten Vertreter der deutschen Politik hatten eine terroristische Diktatur geschaffen, die sich gegen alles Humanistische und Zukunftsweisende in der Geschichte des deutschen Volkes richtete. Ihr Ziel war die Ausschaltung und Vernichtung der politisch in Gegnerschaft stehenden Kräfte. In erster Linie richtete sich das 1933/34 gegen Kommunisten und Sozialdemokraten, christliche Humanisten, bürgerliche Liberale und Pazifisten. Gleichzeitig begannen

Neue Wache um 1935, Foto von Otto Hagemann.

Aufrüstung und Kriegsvorbereitungen, ein erneuter Anlauf, mittels eines Krieges die Vorherrschaft in Europa und dann auch in der Welt zu erlangen.

Die Kriegerdenkmäler, so auch die Neue Wache, erhielten nun innerhalb der Regime-Propaganda eine neue Funktion. Jene, die antimilitaristischem Gedankengut verpflichtet waren, wie die von Barlach in Güstrow und Magdeburg, verschwanden auf Dachböden und Lagerplätzen. Indifferente Gedächtnistafeln, vor allem aber heroische, waren vorherrschend, neue entstanden zusätzlich. Aus dem stillen *Toten*gedenken war ein lautstarkes *Helden*gedenken geworden.

Nicht in allen Einzelheiten entsprach die Gestaltung der Neuen Wache den Vorstellungen der neuen Herrscher. Zu sehr waren liberaler Geist und »gewisse Elemente demokratischer Gesinnung« darin enthalten. Im Frühjahr 1934 schien die Zeit gekommen, die alte *via triumphalis* für NS-Zwecke neu zu beleben und zu nutzen. Anlass war der neu eingeführte und nun auch ganz explizit benannte »Heldengedenktag« (18. März). Die Federführung der Veranstaltungsorganisation ging vom Preußischen Finanzministerium und der Reichswehr auf das neu geschaffene »Ministerium für Volksaufklärung und Propaganda« unter Joseph Goebbels über. Die Veranstaltung sollte wohl wie eine zweite Einweihung verstanden werden. Stillschweigend verschwand der Gedanke eines Reichsehrenmals bei Bad Berka.

Reichswehr, Verbände der SA, der SS und des Stahlhelms, die Hitlerjugend und Polizei wurden aufgeboten und nahmen vor der Universität Aufstellung. »Das neue Deutschland gedenkt dankbar seiner gefallenen Helden«, hießen nun die Bildunterschriften zum ehemaligen, vom Herbst ins Frühjahr verlegten Volkstrauertag. Der neue Tenor, »Das erwachte Deutschland knüpft an die heroische Vergangenheit des Volkes an«, signalisierte die veränderte

Neue Wache um 1935. Die Posten stehen jeweils zwischen den äußeren Säulenpaaren.

РЕЙХСТАГ
ПОТСДАМ
НАУЭН

mer 1946 zu einer Stellungnahme auf. Am 1. Juli des Jahres heißt es daraufhin in einem Schreiben, dass die Neue Wache eine »Baulichkeit von besonderem Wert« sei, die »als Kunstwerk einen ganz besonderen Ruf in der Welt genießt.«[121] Diese Einschätzung des Bauwerks wurde allgemein akzeptiert und zur Leitlinie der weiteren Klärungsprozesse.

Zunächst aber weckte das Militärmuseum im Zeughaus, das vor 1945 einem Admiral der Wehrmacht unterstanden hatte, mehr Interesse. Ein großer Teil seiner wertvollen Sammlungsstücke wurden in die Sowjetunion verbracht, darunter die Kanone aus Lübeck von 1699, die sich heute im Artilleriemuseum in Sankt Petersburg befindet. Am 2. August 1946 forderte der sowjetische Major Gusew ein Gutachten über die an der Neuen Wache aufgestellte Beutekanonen an und verlangte eine Entscheidung darüber, ob sie magaziniert oder verschrottet werden sollten. Nach dem Beschluss, sie nicht zu verschrotten, wurden sie in die Ruine des Zeughauses verlagert und später zusammen mit der Festungsmodellsammlung und den französischen Fahnen aus napoleonischer Zeit (bis auf eine) nach Frankreich abtransportiert.[122]

Stimmen wurden laut, die den Abriss der Neuen Wache forderten, da das Haus »militaristischen Geist« atme. Aber die Gegenposition, die auf seinen Kunstwert aufmerksam machte, war stärker. Die Neue Wache blieb jedoch zunächst Ruine. Der Eichenkranz vom Steinsockel im Innenraum war gesichert, wurde kurze Zeit in der Staatsbibliothek Unter den Linden aufbewahrt, kam in die Neue Wache zurück und verschwand im Juli 1948 – er war entwendet und nach Westberlin gebracht worden. Erst Jahre später tauchte er wieder auf und bekam einen Ehrenplatz auf dem ehemaligen Standortfriedhof in der Lilienthalstraße (Neukölln); heute befindet er sich im Deutschen Historischen Museum.

1948 war – nach der Teilung der Stadt – ein eigener Magistrat für Ost-Berlin unter dem Reichspräsidentensohn Friedrich Ebert gebildet worden. Zu diesem Zeitpunkt begann eine erneute Diskussion über

(linke Seite) **Ruine der Neuen Wache, 1945. Die östliche Säule und die dritte Säule von rechts sind zerstört; Schilder in russischer Sprache weisen zum Reichstag, nach Potsdam und Nauen.**

(links) **Der zerstörte Portikus der Neuen Wache. Erkennbar sind erste Beseitigungen der Schuttmassen, 1946.**

(rechts) **Innenraum der zerstörten Neuen Wache mit zerschundenem Granitblock, Foto von Rudolf Steinhäuser, 12. Oktober 1947.**

(rechte Seite oben)
Ruine der Neuen Wache, um 1948. Das Foto zeigt den eingestürzten Teil der Vorhalle, rechts im Bild ein gemauerter Säulenstumpf, der auf erste Sicherungsarbeiten hinweist.

(rechte Seite unten)
Detail der zerstörten östlichen Ecke der Neuen Wache, 1945.

ging Holtz-Baumert mit stolzgeschwellter Brust zu dem Termin. Er wurde nach Schinkel gefragt, den er nicht kannte, und bekam die Belehrung, dass dieser Schinkel die Neue Wache errichtet habe. »Nein«, so Holtz-Baumert weiter, »ich wußte es nicht, und es war auch völlig gleichgültig, wer sie gebaut hatte; die Neue Wache mußte weg. Ich erzählte Dymschitz, schon leicht gereizt, daß dort, vor dieser Neuen Wache seines großen deutschen Meisters Schinkel, der Kaiser die Paraden angeführt und Hindenburg, der reaktionäre Reichspräsident, das würde der Genosse Major ja wohl auch wissen, den Marschallstab gehoben hatte. Und Hitler erst und Göring und Dönitz und Himmler, sie alle waren vor der Neuen Wache aufmarschiert, defilierende Soldaten, Heldengedenktag, nein, Schinkel hin oder her, dieses böse Ding müsse weg, das würde er doch verstehen.«

Die Einwände des sowjetischen Majors galten nichts, gedanklich wurde er verdächtigt, schon vom Klassenfeind »aufgeweicht« zu sein. Und dann ein fast klassischer Satz von rückblickender DDR-Ironie des Jahres 1985: »Weiß der Genosse Stalin, welche Auffassungen du hast, daß dir ein gewisser Schinkel wichtiger ist als die Aktion der Freien Deutschen Jugend?« Und die für die weitere Entwicklung in der DDR wichtige Entgegnung von Dymschitz: »(...) ich denke daran, daß man gerade die Neue Wache retten müßte, um daraus ein Monument gegen den Krieg zu machen, gegen den Chauvinismus. Man muß es, wie sagt man, umfunktionieren!«

Der Berichterstatter bleibt uneinsichtig, denn man habe ja den Beschluss. Dann folgt die Antwort: »Nun gut, Jugendgenosse, wenn es so ist und Sie dabei bleiben, muß ich eben befehlen. Ich befehle, die Neue Wache wird nicht gesprengt, und ihre Trümmer werden nicht von der Berliner FDJ beseitigt. Haben Sie verstanden?« Dem war zu folgen, da gab es keinen Widerspruch mehr. Holtz-Baumert setzte hier ein Fragezeichen, das eigentlich als ein Ausrufezeichen zu verstehen war. Die anschließende Aufregung in der Stadtleitung der FDJ nach der hochoffiziellen Ablehnung ihrer Zerstörungsaktion war enorm. Woher hatte die sowjetische Militäradministration Wind von der Sache bekommen? Die Quelle der Information an Dymschitz war schnell ausgemacht. Siegfried Behrsing, Professor für Slawistik an der Humboldt-Universität und von seinen Studenten informiert, hatte den sowjetischen Major benachrichtigt. Für den Autor des Schreibens der FDJ, einen der Hauptbeteiligten, war damit die Humboldt-Universität wieder zur bürgerlichen Universität herabgesunken, die er dann verließ. Die Ruine der Neuen Wache aber war gerettet, die FDJ wandte sich sinnvolleren Projekten zu wie der Trümmerbeseitigung am Bahnhof

Ostkreuz. Das war zwar weniger spektakulär, aber dafür nutzbringender.

Der historisch-politische Hintergrund dieser Aktion war aber vielschichtiger. Politische Umbrüche verlangen im Bewusstsein der Menschen offensichtlich auch immer Orte und Handlungen, an denen sie festgemacht werden können. Für die Zeit unmittelbar nach 1945 benötigte man keine, denn die ganze Stadt mit ihren großflächigen Zerstörungen bot Zeugnis genug. In den politischen Auseinandersetzungen der folgenden Jahre aber veränderte sich das Bild, und es entstand die Frage, wie konsequent der politische Umbruch, sprich der Bruch mit der Vergangenheit durchgeführt werden sollte. Das stellte sich für Berlin als kompliziert heraus. Die Stadt war – wenigstens auf dem Papier – noch

nicht gespalten. Es gab eine Gesamtberliner Stadtverordnetenversammlung und einen Gesamtberliner Magistrat. Beide tagten im sowjetischen Sektor der Stadt. Reibereien und Auseinandersetzungen im Vorfeld der sich abzeichnenden Spaltung über diese und viele andere Fragen gab es reichlich.

Grundlage für die Beseitigung von Erinnerungszeichen war ein Befehl des Alliierten Kontrollrats über die »Liquidierung deutscher militärischer und nazistischer Denkmäler und Museen«. In den Listen, welche derartigen Institutionen beseitigt werden sollten, stand im Falle Berlins auch etwa die Siegessäule am Großen Stern. Aber es gab diesbezüglich Auseinandersetzungen zwischen den Besatzungsmächten. Ihr Interesse richtete sich in erster Linie auf die Symbole der Jahre 1933 bis 1945. Diese Zerstörungsaktionen waren in zumeist Ende 1947/Anfang 1948 beendet. Jetzt waren wieder die deutschen Behörden gefragt.

Bei der Suche nach einem einigenden Geschichtsereignis, bei dessen Interpretation sich alle divergierenden Kräfte auf einen gemeinsamen Schritt zur Darstellung des Bruchs mit der Vergangenheit einigen konnten, bot sich die Märzrevolution von 1848 an. Angesichts des breiten Spektrums der damaligen politischen Kräfte sowie ihrem Drängen nach Einheit und Demokratie schienen die Bestrebungen des Jahres 1848 wie ein einigendes Band. Und so beschloss der Gesamtberliner Magistrat unter der Leitung von Louise Schroeder als Oberbürgermeisterin ein vielfältiges Programm für dieses hundertjährige Jubiläum.[125] Dazu gehörte eine Festsitzung der Stadtverordnetenversammlung von Groß-Berlin am 18. März 1948. Für sie waren fünf Berichte des Magistrats und zwei Anträge der Fraktionen zur Beschlussfassung angekündigt. Einer dieser Anträge kam von der Fraktion der SED und hatte die Beseitigung der Invalidensäule in der Scharnhorststraße

Ruine der Neuen Wache. Ein Plakat weist auf die Antikriegspropaganda dieser Jahre hin, Foto von Rudolf Steinhäuser, 26. Mai 1949.

zum Gegenstand. Der Antrag war vorher im Ausschuss für Volksbildung als symbolischer Akt zur Hundertjahrfeier der Märzrevolution gebilligt worden. Die Begründung zur Zustimmung trug seitens der LDPD-Fraktion die Abgeordnete Schrödter vor und führte aus, dass das Monument weder ein nationales noch überhaupt ein Krieger-Denkmal gewesen sei, sondern ein Gedenkstein zur Erinnerung an die im Kampf gegen die Revolutionäre von 1848 gefallenen Soldaten. Das stimmte nicht ganz und bewies die mangelnden historischen Kenntnisse der Vortragenden. Abriss oder Neuaufbau als Perspektiven in die historischen Dimensionen gestellt, bedeutete letztlich nur Abriss, denn ein Neuaufbau verursachte Kosten.

Bei der Abstimmung – der Stadtverordnetenvorsteher Otto Suhr stellte Einstimmigkeit fest – kam es fast zum Eklat, denn es regte sich Widerspruch. Auf die Forderung nach Gegenprobe reagierte Suhr nicht, sondern stellte eine Stimmenmehrheit fest.[126] In den Zeitungen der Zeit wurde der Vorgang verschwiegen. Strahl- und Leuchtkraft der Invalidensäule – wenn sie denn je eine hatte – waren längst erloschen und aus dem Bewusstsein der Berliner verschwunden. Aber die Zeit verlangte nach einem ausgewiesenen, vollziehbaren und öffentlich dokumentierten Bruch mit den Zeichen der Vergangenheit. So wurde die Beseitigung der Säule zum kleinsten Nenner, auf den sich alle politischen Kräfte einigen konnten.

Zwischen Beschlussfassung und Termin des Säulenabrisses lagen Monate, in denen sich die politischen Spannungen nicht nur in Berlin zuspitzten, sondern der Kalte Krieg einem ersten Höhepunkt zusteuerte, in dessen Ergebnis am 30. September 1948 die Spaltung Berlins vollzogen wurde. Die Beseitigung der Invalidensäule (mittels Seilzug) hatte kurz zuvor, am 14. August 1948 um zehn Uhr vormittags stattgefunden und kein öffentliches Interesse mehr

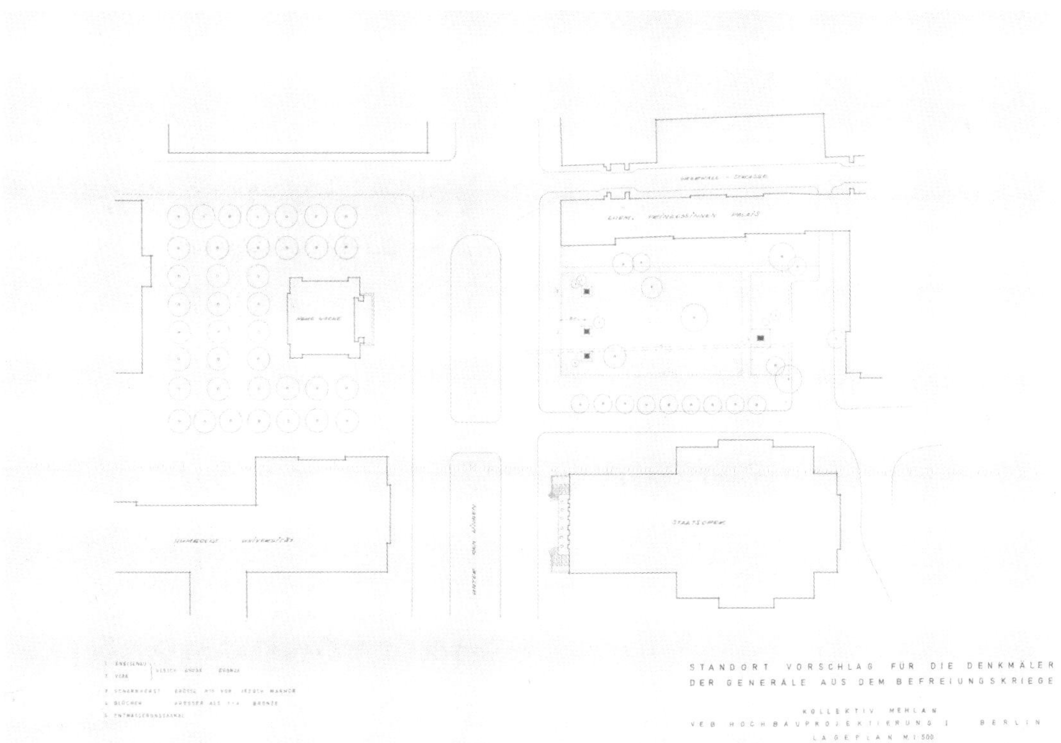

Standortvorschlag für die Wiederaufstellung der Denkmäler der Generäle aus dem Befreiungskrieg; das Denkmal für General Bülow von Dennewitz fehlt.

erregt. Nur wenige Neugierige aus der Umgebung sahen ausweislich der Bilder zu und bestaunten das Ergebnis. Das mangelnde Interesse der Öffentlichkeit war natürlich darauf zurückzuführen, dass die Berliner zu diesem Zeitpunkt andere Sorgen hatten, denn es war die Zeit des Blockadesommers für Westberlin.

Es blieb aber der Wille, sich in Berlin von historischen Gebäuden gewaltsam zu trennen, um den Bruch mit der Vergangenheit zu dokumentieren, und das war nicht auf Ostberlin beschränkt.[127] In diese verbreitete Strömung ist auch das zeitweilige Projekt der Beseitigung der Neuen Wache in Berlin einzuordnen. Zu beachten ist, dass die nun an der Macht beteiligten Überlebenden des Nazi-Terrors, die aus den Zuchthäusern und Konzentrationslagern sowie aus der Emigration kamen, oftmals in ihrem Hass auf den Nationalsozialismus das von den NS-Herrschern propagandistisch vereinnahmte Preußentum mit dem Nationalsozialismus in einen Topf warfen – was angesichts der umfassenden Preußen-Glorifizierung im NS-Film und in der NS-Presse wenig verwunderlich war. Der »Klassenstandpunkt« hob – wie Holtz-Baumert rückblickend schrieb – jedes Bedenken auf.

Vielfach wurde die NS-Propaganda auch nach 1945 aufgrund mangelnden Wissens, was Preußen betraf, als historische Wahrheit angesehen. Angemerkt werden soll noch dies: Im Jahre 1987 gab die FDJ-Bezirksleitung Berlin eine nicht verlagsgebundene Publikation in zwei Minibänden heraus, die sich der Darstellung der Geschichte der FDJ Berlin widmet. In ihr wird die gesamte Aktion um die Neue Wache mit keiner Zeile erwähnt (und auch der Name des Vorsitzenden der FDJ Berlin, der den Brief unterschrieben hatte, nicht genannt), obwohl der Schriftsteller Holtz-Baumert darüber schon 1985 berichtet hatte.[128]

Gegen die geplante FDJ-Abrissaktion an der Neuen Wache, die dem »Proletkult« verpflichtet war, wandte sich 1950 auch die Kulturkommission des DDR-Gewerkschaftsbundes FDGB von Groß-Berlin: »Der Abriss des Schinkel-Baus wird unter keinen Umständen gebilligt, dafür wird vorgeschlagen, Entfernung des Steins und Umwandlung in eine Goethe-Gedenkstätte. Der Vorschlag wurde mit 42 gegen 6 Stimmen angenommen.«[129] Über die Vorgänge der darauffolgenden Wochen konnten bisher keine Belege aus den Akten gewonnen werden.

Als merkwürdig in der Einsamkeit seiner Überlieferung steht ein Brief vom 16. Juni 1949 da. Er befindet sich in einer Akte über Vorgänge zur Neuen Wache, die aber Vorhaben der Jahre ab 1956 zum Gegenstand hat. Unter dem Betreff: »Wiederherstellung des Schinkel-Baues, Neue Wache«, schrieb ein H. Bock von der Abteilung Bau- und Wohnungswesen an den Stadtrat Max Kreuziger. Zunächst behandelte er die Frage der Baudenkmale und stellte dann fest: »Die wichtigsten davon sind konzentriert in der Umgebung der Straße Unter den Linden, die als Kulturstrasse vorgesehen ist. Zu diesen Gebäuden gehört an erster Stelle die von Schinkel erbaute Neue Wache, deren Wiederherstellung aus denkmalpflegerischen und kunsthistorischen Gründen berechtigt ist. Hat die Neue Wache früher einen militärischen Charakter in sich getragen, so soll sie jetzt als Gedenkstätte für deutsche Künstler und Wissenschaftler dienen. Im Hauptamt für Stadtplanung ist man einstimmig der Ansicht, dass man nicht nur Goethe, sondern mehrere verdiente Deutsche damit ehren soll. Man kann Büsten aufstellen, Namen auf Tafeln schreiben, vielleicht noch vorhandene Plaketten dort unterbringen.«

Es kann wohl davon ausgegangen werden, dass es im Hintergrund Auseinandersetzungen gegeben haben muss, bei denen eine Beteiligung der sowjetischen Seite nicht auszuschließen ist. Die Hektik führte zu undurchdachten Beschlüssen. Das beginnt bei der Festlegung eines Termins für die Fertigstellung der Arbeiten bis Ende August 1949. Die Kosten wurden auf 200000 Mark festgelegt. Sollte der Termin nicht eingehalten werden, dann werde die Angelegenheit nicht weiter fortgeführt. Die folgende Auseinandersetzung gebar viele gute Vorschläge, darunter auch den der Aufstellung einer Käthe Koll-

(linke Seite links)
Neue Wache nach der ersten Wiederherstellungsphase, Foto von Richard Perlia, um 1955.

(linke Seite rechts)
Arbeiten zur Wiederherstellung der Neuen Wache, Foto: Gerd Schütz, 17. September 1957.

Der Innenraum der Neuen Wache in der ersten Gestaltung als Mahnmal für die Opfer des Faschismus und Militarismus durch Heinz Mehlan. Im Mittelpunkt der zerschundene Granitblock, 7. Juni 1960.

witz-Skulptur in der Ruine als Denkmal gegen den Krieg. Die Diskussion um das Bauwerk war Teil der Auseinandersetzung mit der NS-Zeit, dem Krieg und dem militaristischen Missbrauch dieses Bauwerkes.

Eng verwandt mit dem Vorschlag, die Neue Wache zu einer Goethe-Gedenkstätte zu erheben, war auch der, sie zu einem »Pantheon der Kultur« umzugestalten, zu einer Erinnerungsstätte an namhafte und bedeutende Vertreter des Geistes- und Kulturlebens in Deutschland. Alle diese Ideen bzw. Vorschläge machten deutlich, dass tragfähige Lösungen erst dann zu erwarten waren, wenn der Verwendungszweck des Gebäudes in einen übergeordneten Bedeutungszusammenhang gestellt würde, im Zusammenhang mit der Zukunft des gesamten Gebäudebestandes entlang der Straße Unter den Linden, also mit der Entscheidung, welche der kriegszerstörten historischen Bauten wiederhergestellt werden sollten, und nach welchen Prinzipien der architektonischen Rezeption und mit welcher Nutzfunktion. Neben der erwähnten Rezeption von Erbe und Tradition spielten auch die finanziellen Möglichkeiten dieser Jahre eine wesentliche Rolle.

Am 29. April 1950 erfolgte die Weisung der Abteilung Aufbau des Ostberliner Magistrats an das Amt für Abräumung: »Ich bitte, dafür Sorge zu tragen, die Standbilder Scharnhorst und Dennewitz am Ehrenmal sowie die Standbilder Gneisenau, Blücher einschl. Sockel von York schnellstens zu entfernen und auf dem Gelände der Nationalgalerie abzustellen.« Die Denkmäler sollten dort in Kisten verpackt auf ein noch ungewisses Schicksal warten. Nach der mündlichen Überlieferung des damaligen Stadtrates für Bauwesen im Ostberliner Magistrat, Arno Munter, geschah dies auf Weisung Walter Ulbrichts, denn nach dessen Meinung »könnten die bluttriefenden preußischen Generäle nicht die Parade der friedliebenden Jugend der Welt abnehmen«. Die Denkmäler verschwanden also im Vorfeld der »III. Weltfestspiele der Jugend und Studenten« 1951, aber diesmal kamen sie in ein Depot der Staatlichen Museen, und nicht in die Schmelzöfen.

Einweihung der Neuen Wache als Mahnmal für die Opfer des Faschismus und Militarismus; der Ständige Stellvertreter des Oberbürgermeisters von Groß-Berlin, Stadtrat Waldemar Schmidt spricht; links vorn Walter Ulbricht, rechts neben ihm Ministerpräsident Otto Grotewohl, daneben der Erste Sekretär der Bezirksleitung Groß-Berlin der SED Paul Verner, Foto von Erich Zühlsdorf, 8. Mai 1960.

Der Entwurf für einen Magistratsbeschluss aus dem Jahre 1950 kündigte die erste der beiden entscheidenden Prämissen bezüglich der weiteren Verwendung des Gebäudes an: Es sei »nicht tragbar, daß der ›Neuen Wache‹ noch länger der Charakter eines nazistisch-militaristischen ›Ehrenmals‹ anhaftet«. 1950 stürzten aber auch weitere Teile der Säulenvorhalle ein. Die Reste des Giebelreliefs wurden geborgen und die Viktorien vom Architrav den Staatlichen Museen zur Aufbewahrung übergeben. Im Sommer 1951 begannen dann die Wiederherstellungsarbeiten. Die eingestürzten Säulen der Vorhalle wurden wiederaufgebaut, das Giebeldreieck errichtet und ein Notdach über dem Portikus aufgebracht.

Angesichts der fortschreitenden Rekonstruktion der Gebäude entlang der Straße Unter den Linden wurde ab 1954 die künftige Nutzung der Neuen Wache erneut diskutiert, zumal die Entscheidung darüber eine wichtige Vorbedingung für ihre endgültige Wiederherstellung war. Der Chefarchitekt von Ostberlin, Hermann Henselmann, fasste die bereits geführten Debatten zusammen und formulierte vorsichtig: »Der Gedanke, das Bauwerk mit dem Andenken an die Opfer der Weltkriege zu verbinden, ist sicherlich der Diskussion wert.« Aber das entsprach noch nicht den Forderungen der Zeit. Der Ostberliner Oberbürgermeister Friedrich Ebert, der vorgeschlagen hatte, das Gebäude als Schinkelmuseum zu nutzen, schrieb im März 1955, dass die Umgestaltung des Gebäudes zur Ehrenhalle deutscher Patrioten und zur Gedenkstätte zwar ein guter Gedanke sei, aber eine einfache Umkehrung des ursprünglichen Zwecks nicht angehe.

Während einer vom Ostberliner Magistrat angeregten Beratung zwischen kommunalen und staatlichen Instanzen wurde eine Bestandsaufnahme der bisher unterbreiteten Vorschläge zur künftigen Nutzung des Gebäudes durchgeführt: 1. als Torhaus zum Kastanienwäldchen, 2. als Universitäts-Buchhandlung, 3. als Ausstellungsraum für ein Stadtmodell, 4. als Goethe-Gedenkstätte, 5. als Denkmal für die Opfer imperialistischer Kriege und

Wiedereröffnung des Mahnmals für die Opfer des Faschismus und Militarismus Unter den Linden. Das Grabmal des unbekannten Widerstandskämpfers und des unbekannten Soldaten wird geweiht, Foto von Horst Sturm, 6. Oktober 1969.

6. als Friedenswache. In der folgenden Zeit setzte sich immer mehr der Gedanke durch, das Gebäude außer als Denkmal für die Opfer der Kriege auch als Denkmal für die Kämpfer gegen die Naziherrschaft und deren Opfer zu nutzen.

Seit 1945 gab es eine ebenfalls öffentlich geführte Diskussion um die Errichtung eines Denkmals für jene, die den Nazis widerstanden hatten, wie auch für jene, die Opfer dieses Mordregimes geworden waren. Hierbei spielte der Hinweis eine maßgebende Rolle, dass »(...) eine Gedenkstätte humanistischen Gehalts im Zentrum (...) wichtig« sei.[130] Im Juli 1956 teilten Ostberliner Magistratsdienststellen der Öffentlichkeit mit: »In Verfolgung der 10. Volkskammertagung beabsichtigt die Denkmalpflege, die ehemalige ›Neue Wache‹ als Gedächtnisstätte für die Opfer des Faschismus auszugestalten.« Diese Absicht sei – so heißt es in den Akten – von der Bevölkerung zustimmend aufgenommen worden. In einer Zuschrift wurde gefordert, das Gebäude müsse »eine Mahnstätte für alle Opfer des letzten Krieges« werden.

Die innere Entwicklung der DDR spielte hierbei eine wesentliche Rolle. Am 18. Januar 1956 war offiziell die Nationale Volksarmee (NVA) geschaffen worden. Wenn sie auch zunächst noch nicht auf der Grundlage der allgemeinen Wehrpflicht aufgebaut war, eine veränderte Haltung zu einer nun auch öffentlich auftretenden Armee der DDR, zum Soldatentum und

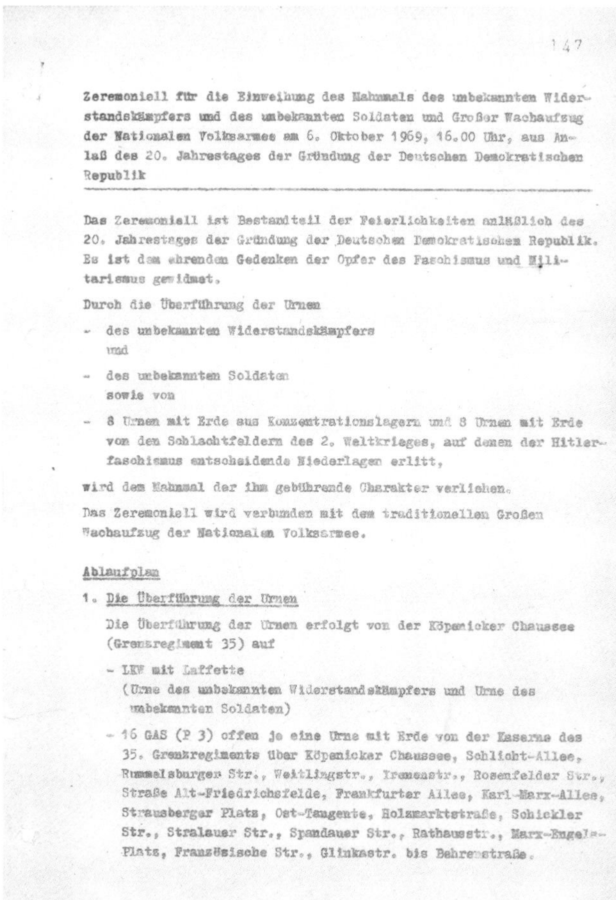

147

Zeremoniell für die Einweihung des Mahnmals des unbekannten Widerstandskämpfers und des unbekannten Soldaten und Großer Wachaufzug der Nationalen Volksarmee am 6. Oktober 1969, 16.00 Uhr, aus Anlaß des 20. Jahrestages der Gründung der Deutschen Demokratischen Republik

Das Zeremoniell ist Bestandteil der Feierlichkeiten anläßlich des 20. Jahrestages der Gründung der Deutschen Demokratischen Republik. Es ist dem ehrenden Gedenken der Opfer des Faschismus und Militarismus gewidmet.

Durch die Überführung der Urnen

- des unbekannten Widerstandskämpfers
  und
- des unbekannten Soldaten
  sowie von
- 8 Urnen mit Erde aus Konzentrationslagern und 8 Urnen mit Erde von den Schlachtfeldern des 2. Weltkrieges, auf denen der Hitlerfaschismus entscheidende Niederlagen erlitt,

wird dem Mahnmal der ihm gebührende Charakter verliehen.

Das Zeremoniell wird verbunden mit dem traditionellen Großen Wachaufzug der Nationalen Volksarmee.

<u>Ablaufplan</u>

1. <u>Die Überführung der Urnen</u>

   Die Überführung der Urnen erfolgt von der Köpenicker Chaussee (Grenzregiment 35) auf

   - LKW mit Laffette
     (Urne des unbekannten Widerstandskämpfers und Urne des unbekannten Soldaten)
   - 16 GAS (P 3) offen je eine Urne mit Erde von der Kaserne des 35. Grenzregiments über Köpenicker Chaussee, Schlicht-Allee, Rummelsburger Str., Weitlingstr., Irenenstr., Rosenfelder Str., Straße Alt-Friedrichsfelde, Frankfurter Allee, Karl-Marx-Allee, Strausberger Platz, Ost-Tangente, Holzmarktstraße, Schickler Str., Stralauer Str., Spandauer Str., Rathausstr., Marx-Engels-Platz, Französische Str., Glinkastr. bis Behrenstraße.

Ablaufplan für die Neueinweihung der Neuen Wache als Mahnmal für die Opfer des Faschismus und Militarismus am 6. Oktober 1969.

den Opfern, die zwei Weltkriege gekostet hatten, wurde nun dringend notwendig. In den ersten Nachkriegsjahren war noch eine massive Propaganda gegen Kriegsspielzeug in den ostdeutschen Schulen betrieben worden, diese lief nun ersatzlos aus. Andererseits gab es in der Bevölkerung das Bedürfnis, einen Ort des Gedenkens an und der Trauer um die Kriegstoten zu haben. In Dresden war dies im Laufe der Zeit die Ruine der Frauenkirche geworden, in Erfurt wurde in einem zerstörten Kloster der Toten der Luftangriffe gedacht. Das war unproblematisch, da diese Luftangriffe von amerikanischen und britischen Streitkräften geflogen worden waren, die nun als »Klassenfeinde« galten.

Die nun folgende Aufrüstung der DDR erzwang endgültig ein Umdenken, und es war weniger der Tatsache geschuldet, dass noch etwa 500 Offiziere der Wehrmacht in der NVA dienten. Aber der Uniformschnitt, der sehr stark an Reichswehr und Wehrmacht erinnerte, der Stahlhelm, der – so auch in der Presse der damaligen Zeit offiziell verkündet – sich an ein in der Wehrmacht 1943 entwickeltes Modell anlehnte, sowie die Publizistik, die nun auch militärische Themen aufgriff, ließ fatale Gedanken aufkommen. So erklärte sich das nun verstärkt einsetzende Bemühen darum, die eigenen, neuen Streitkräfte der DDR in eine »progressive« Traditionslinie einzubinden. Dabei wurde das nationale Element

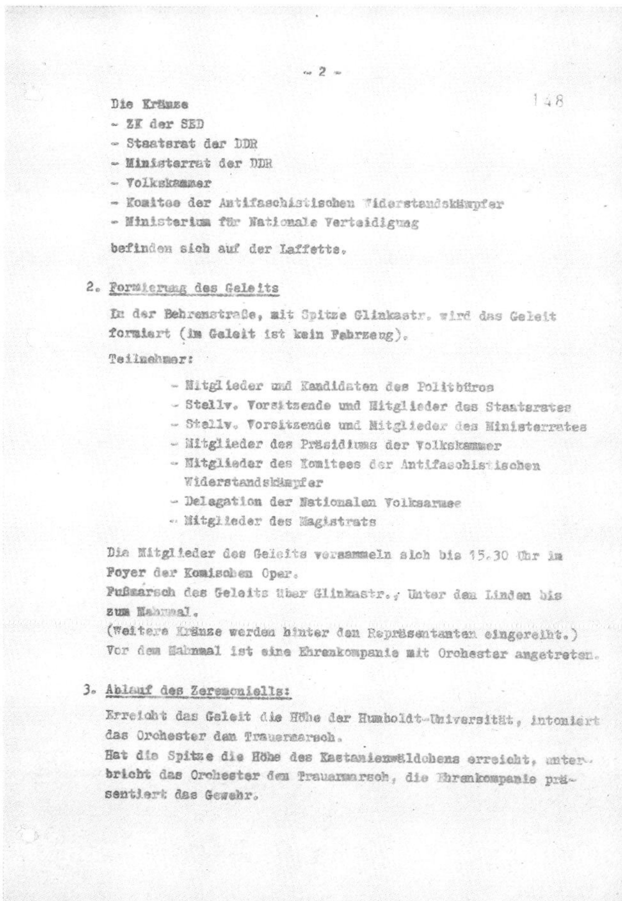

– 2 –

148

Die Kränze
- ZK der SED
- Staatsrat der DDR
- Ministerrat der DDR
- Volkskammer
- Komitee der Antifaschistischen Widerstandskämpfer
- Ministerium für Nationale Verteidigung

befinden sich auf der Laffette.

2. Formierung des Geleits

In der Behrenstraße, mit Spitze Glinkastr. wird das Geleit formiert (im Geleit ist kein Fahrzeug).

Teilnehmer:

- Mitglieder und Kandidaten des Politbüros
- Stellv. Vorsitzende und Mitglieder des Staatsrates
- Stellv. Vorsitzende und Mitglieder des Ministerrates
- Mitglieder des Präsidiums der Volkskammer
- Mitglieder des Komitees der Antifaschistischen Widerstandskämpfer
- Delegation der Nationalen Volksarmee
- Mitglieder des Magistrats

Die Mitglieder des Geleits versammeln sich bis 15.30 Uhr im Foyer der Komischen Oper.
Fußmarsch des Geleits über Glinkastr., Unter den Linden bis zum Mahnmal.
(Weitere Kränze werden hinter den Repräsentanten eingereiht.)
Vor dem Mahnmal ist eine Ehrenkompanie mit Orchester angetreten.

3. Ablauf des Zeremoniells:

Erreicht das Geleit die Höhe der Humboldt-Universität, intoniert das Orchester den Trauermarsch.
Hat die Spitze die Höhe des Kastanienwäldchens erreicht, unterbricht das Orchester den Trauermarsch, die Ehrenkompanie präsentiert das Gewehr.

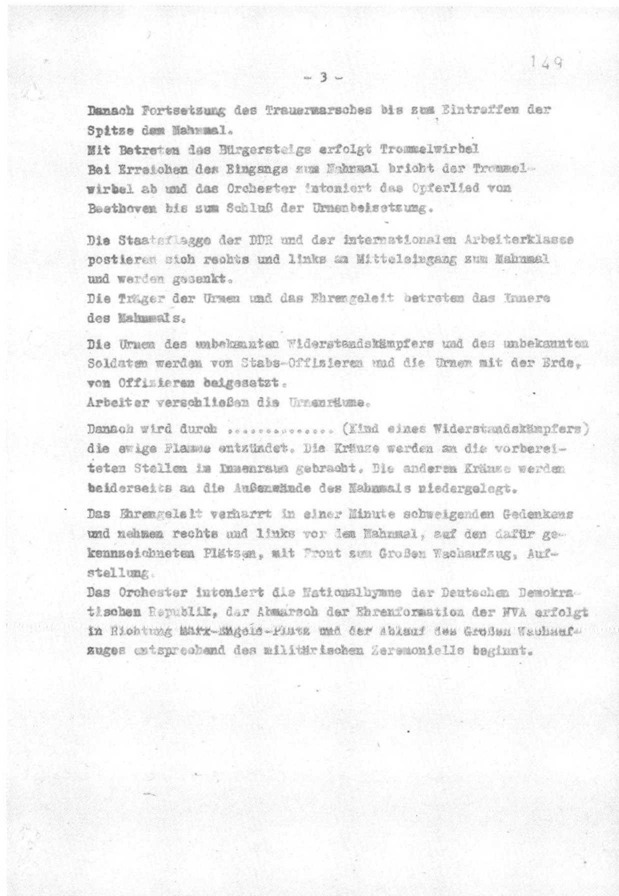

149

– 3 –

Danach Fortsetzung des Trauermarsches bis zum Eintreffen der Spitze dem Mahnmal.
Mit Betreten des Bürgersteigs erfolgt Trommelwirbel
Bei Erreichen des Eingangs zum Mahnmal bricht der Trommelwirbel ab und das Orchester intoniert das Opferlied von Beethoven bis zum Schluß der Urnenbeisetzung.

Die Staatsflagge der DDR und der internationalen Arbeiterklasse postieren sich rechts und links am Mitteleingang zum Mahnmal und werden gesenkt.
Die Träger der Urnen und das Ehrengeleit betreten das Innere des Mahnmals.

Die Urnen des unbekannten Widerstandskämpfers und des unbekannten Soldaten werden von Stabs-Offizieren und die Urnen mit der Erde, von Offizieren beigesetzt.
Arbeiter verschließen die Urnenräume.

Danach wird durch .... (Kind eines Widerstandskämpfers) die ewige Flamme entzündet. Die Kränze werden an die vorbereiteten Stellen im Innenraum gebracht. Die anderen Kränze werden beiderseits an die Außenwände des Mahnmals niedergelegt.

Das Ehrengeleit verharrt in einer Minute schweigenden Gedenkens und nehmen rechts und links vor dem Mahnmal, auf den dafür gekennzeichneten Plätzen, mit Front zum Großen Wachaufzug, Aufstellung.
Das Orchester intoniert die Nationalhymne der Deutschen Demokratischen Republik, der Abmarsch der Ehrenformation der NVA erfolgt in Richtung Marx-Engels-Platz und der Ablauf des Großen Wachaufzuges entsprechend des militärischen Zeremoniells beginnt.

stark hervorgehoben, gerade im Bereich der Uniformen, die gegen die Uniformen der Bundeswehr ausgespielt wurden. Diese seien stark an jene der US-Army angelehnt, die Bundeswehr daher ganz offensichtlich eine antinationale Armee. In der Historischen Abteilung der NVA wurde sogar der Gedanke erwogen, das Tragen bestimmter Kriegsauszeichnungen des Ersten und Zweiten Weltkriegs, die des Zweiten Weltkrieges allerdings ohne Hakenkreuz, zu gestatten.

Am 21. September 1956 fasste der Magistrat von Ostberlin den Beschluss Nr. 752 über die endgültige künftige Verwendung der Neuen Wache als »Mahnmal für die Opfer des Faschismus und der beiden Weltkriege«. Aus diesem Namen entwickelte sich 1959 die bis 1990 gebräuchliche Bezeichnung »Mahnmal für die Opfer des Faschismus und Militarismus«. Sie sollte zugleich auf den erreichten Stand in der Klärung der Frage hinweisen, wer Opfer von wem geworden war.

Der Name gab die neue Funktion des Bauwerkes wieder. Es sollte im Zentrum jener Stadt, der vom Weltfriedensrat der Titel »Stadt des Friedens« verliehen worden war, zum Kampf gegen Krieg, Menschenvernichtung und Rassenhass aufrufen. Das sollte nicht verschämt an einem abgelegenen Ort passieren. In

Großer Wachaufzug der NVA um 1970.

aller Öffentlichkeit sollten die Widersprüchlichkeiten der Vergangenheit aufgezeigt, und zugleich – so die Absicht – sollte vor Augen geführt werden, dass die sozialistische Gesellschaft ihre Vorgeschichte aufgearbeitet habe und sie mit einer veränderten politischen Haltung aus dem Kampf gegen den Nationalsozialismus hervorgegangen sei.

Im einseitigen Selbstverständnis der Parteiführung der SED war die DDR allen Kämpfern gegen den Nationalsozialismus zu verdanken, die für ihre Ideale ihr Leben gegeben hatten, ermordet oder zu Tode gefoltert worden waren: An ihrer Spitze den Kommunisten, die im politischen Kampf den höchsten Blutzoll entrichtet hatten, im Weiteren aber auch allen aus rassischen und religiösen Gründen Ermordeten, vor allem den Juden, sowie all jenen, die für die verbrecherischen Ziele der NS-Herrschaft missbraucht worden und dabei umgekommen waren, nicht zu-

Großer Wachaufzug der NVA in den 1970er-Jahren.

letzt auch den Opfern unter der Zivilbevölkerung, Kindern, Frauen und Greisen, die bei Luftangriffen und Kampfhandlungen ihr Leben verloren. Die Erinnerung und Mahnung war dabei nicht auf die Opfer des deutschen Volkes beschränkt. Heute klingt diese Formulierung »Mahnmal für die Opfer des Faschismus und Militarismus« ideologisch, war aber Teil des Zeitgeistes dieser Jahre in der DDR, und vor allem der Überlegung geschuldet, dass die Täter in der neuen Gesellschaft keinen Platz haben durften.

Ein Kollektiv um den Architekten Heinz Mehlan erhielt nun den Auftrag zur Wiederherstellung der Neuen Wache in denkmalpflegerischem Sinne. Sie gelang trotz aller Schwierigkeiten in den Jahren 1957 bis 1962. Der Außenbau wurde in der Form, die er in den Jahren 1929 bis 1931 erhalten hatte, restauriert. Eine Rückführung des Inneren auf die Schinkelsche Fassung war nicht mehr möglich. Die Dächer erhielten ihre endgültige Form, und die in den zuvor ausgeführten Arbeiten enthaltenen Fehler und Unzulänglichkeiten wurden beseitigt. Offen blieb vorerst die Gestaltung des Innenraums. Schließlich setzte sich die Idee durch, keine Änderung vorzunehmen, sondern den überlieferten Zustand als Mahnung zu belassen, allerdings ohne das Kreuz.

Gleichzeitig liefen Vorarbeiten zur Wiederaufstellung der Denkmäler. Die beschädigte Figur des Generals Yorck von Wartenburg musste dafür in Teilen nach historischen Vorlagen nachgebildet werden. Mit Datum vom 14. November 1960 ist eine Mitteilung an die Generaldirektion der Stattlichen Museen, die die Standbilder verwahrte, überliefert: »Es ist beschlossen worden, die Marmorfigur vom General von Bülow von C. D. Rauch vorläufig nicht mehr aufzustellen.« Die Hintergründe sind aus den Akten nicht zu klären.

Ruine des Prinzessinnenpalais, heute Opernpalais, Postkarte aus den 1950er-Jahren.

Diese Entscheidung griff indirekt in das Schinkel'sche Konzept, das wiederhergestellt werden sollte, ein. Dem einen Denkmal, für Scharnhorst östlich der Wache, fehlte nun das Pendant, Bülow, westlich der Wache. Eine neue Anordnung der Aufstellung musste her und so kam Scharnhorst auf die gegenüberliegende Straßenseite, und die drei anderen Denkmäler im Garten am Operncafé zur Aufstellung. Noch im gleichen Monat wurde der Adler vom Sockel des Scharnhorst-Denkmals, trotz Protesten, entfernt. Die Steinbildhauer vom »VEB Stuck und Naturstein« hatten sich geweigert, die wertvolle, ebenfalls auf einem Entwurf Schinkels beruhende Marmorarbeit zu zerstören. Für 50 Mark und eine Flasche Schnaps fand sich dann doch jemand dazu bereit.

Es folgte der Magistratsbeschluss Nr. 150/61: »Der Magistrat von Groß-Berlin hat sich in seiner Sitzung am 2. 6. 1961 mit der Einrichtung der Neuen Wache als Mahnmal der Opfer des Faschismus und Militarismus sowie der Wiederaufstellung der restaurierten Standbilder von Generalen der Befreiungskriege befasst und u. a. beschlossen: Der Leiter der Abt. Finanzen wird beauftragt, für abschließende Arbeiten am ›Mahnmal für die Opfer des Faschismus und Militarismus‹ einen Betrag von 10 000 Mark und für die Restaurierung und Wiederaufstellung der Standbilder von Blücher, Gneisenau, Scharnhorst und York in der Parkanlage vor dem Verwaltungsgebäude der Deutschen Staatsoper den Betrag von 206 000 Mark aus der Haushaltsreserve zur Verfügung zu stellen.«[131]

1962 konnten die Restaurierungsarbeiten abgeschlossen werden, und am 1. Mai desselben Jahres zog die erste Ehrenwache der Nationalen Volksarmee vor dem Gebäude auf; genaugenommen die dritte, aber nicht besonders betonte Einweihung der Neuen Wache. Man lehnte sich mit dem Zeremoniell also an die Gegebenheiten des 19. Jahrhunderts an, die auch von der Wehrmacht gepflegt worden waren. In anderen Ländern gebe es – so die zeitgenössische Erklärung – ebenfalls diese Formen der militärischen Totenehrung. Jeden Mittwoch und Sonnabend um 14.30 Uhr zog der Große Wachaufzug auf, der auch live im Berliner Rundfunk übertragen wurde. Ein Schauspiel, das an längst vergangene Zeiten mit ihrem militärischen Gepränge – wenn auch stark reduziert – erinnerte. Ließ in den ersten Jahren der Tambourmajor seinen Stab durch die Luft wirbeln, gab es Beifall. In diesen Jahren schauten oft ältere Herren, in straffer militärischer Haltung, in Zivil dem Schauspiel zu, vielleicht erinnerten sie sich an ihre Soldatenzeit?

Die Neue Wache entwickelte nun wieder ihre ursprüngliche Wirkung auf den umliegenden Stadtraum. Universität und Staatsoper waren weitestgehend wiederhergestellt, andere Bauten lagen jedoch noch in Trümmern. Die Ruinen des Kronprinzen- und Kronprinzessinnenpalais' wurden abgerissen, das Kronprinzessinnenpalais als *Operncafé* wieder aufgebaut. Es folgten im Lauf der Jahre der Wiederaufbau der Staatsbibliothek, des Kaiser-Wilhelm-Palais (Altes Palais) sowie des Kronprinzenpalais. So war der Stadtraum – sieht man von der Kommandantur ab – fast völlig nach historischem Vorbild wiedergewonnen worden.

In der nachfolgenden Zeit zeigte sich, dass die innere Gestaltung des Mahnmals nicht dem politischen Verständnis entsprach, das die DDR-Führung mit ihm verbunden wissen wollte. 1968/69 erhielt daher ein Kollektiv unter Leitung des Architekten Lothar Kwasnitza den Auftrag, dem Inneren eine neue Gestalt zu verleihen, die dann bis zum erneuten Umbau nach 1990 beibehalten wurde: Die Lichtöffnung in der Decke wurde geschlossen, die Gestaltung des Fußbodens von Tessenow aufgegeben, aber nicht vernichtet. Man überzog den Boden mit Steinplatten, in deren Mitte – verfehlt – eine ewige Flamme in einem Glaskörper brannte.

Am 6. Oktober 1969 wurde das neu gestaltete Mahnmal mit drei neuen Elementen unter großer Anteilnahme der Bevölkerung eingeweiht. Unter einer Bronzeplatte lagen nun die sterblichen Überreste des »Unbekannten Widerstandskämpfers«. Es handelte sich um ein unbekanntes deutsches Opfer des NS-Regimes, das im April 1945 von SS-Leuten erschossen worden war: Auf einem Evakuierungsmarsch zog eine Kolonne mit KZ-Häftlingen durch die Gemeinde Spitzkunnersdorf im Kreis Zittau. Ein 1969 noch lebender Einwohner war Zeuge der Ermordung eines Häftlings geworden und konnte sie beeiden. Gemeinsam mit den sterblichen Überresten wurden Behälter mit Erde aus neun ehemaligen Konzentrations- und Vernichtungslagern – Auschwitz, Mauthausen, Natzweiler-Struthof, Theresienstadt, Dachau, Buchenwald, Sachsenhausen, Ravensbrück und Dora-Mittelbau – der Platte beigegeben.

Unter einer zweiten Bronzeplatte lagen die sterblichen Überreste eines unbekannten deutschen Soldaten, der im April 1945 in der Nähe der Gemeinde Groß-Krauscha, damals Kreis Görlitz-Land, bei Kampfhandlungen ums Leben gekommen war. Zwei 1969 noch lebende Einwohner hatten ihn bestattet, der Name des Soldaten blieb unbekannt. Der Urne wurde Erde von neun Schlachtfeldern des Krieges – Moskau, Leningrad, Stalingrad, der Normandie, von Monte Cassino, aus Narvik, Warschau, Prag und Berlin – beigegeben.[132] Hinter diesen Gräbern mahnte dann als drittes Element die ewige Flamme. Die 1962 angebrachte Inschrift »Den Opfern des Faschismus und Militarismus« bekam an den Seitenwänden ihren neuen Platz, die Rückwand schmückte das Staatswappen der DDR.

Erst auf den zweiten Blick wird deutlich, dass hinter dieser Handlung eine weitergehende Überlegung stand. Der Auftrag zur erneuten Umgestaltung und Restaurierung der Neuen Wache war damals in Vorbereitung auf den 20. Jahrestag der DDR-Gründung am 7. Oktober 1969 ergangen. Die Einweihung des Gebäudes fand am Vortag dieses Datums statt.[133]

Diplomatisches Personal der DDR hatte zuvor die oben erwähnte Erde aus den Vernichtungs- und Konzentrationslagern sowie die Erde von den Schlachtfeldern außerhalb der DDR mit Zustimmung der Behörden dortiger Länder nach Ostberlin gebracht. Zur feierlichen Übergabe der Behälter an NVA-Repräsentanten war eine Veranstaltung im Haus des Ministerrats geplant. Vertreter verschiedener staatlicher Behörden, des Komitees der Antifaschistischen Widerstandskämpfer sowie des Deutschen Roten Kreuzes sollten unter notarieller Aufsicht daran teilnehmen. Die Vertreter des Komitees der Antifaschistischen Widerstandskämpfer weigerten sich aber, die sterblichen Überreste eines deutschen Soldaten und die Erde von Schlachtfeldern gemeinsam mit der Urne, in der die sterblichen Reste eines KZ-Häftlings und die Erde aus den Lagern gemeinsam der Öffentlichkeit zu präsentieren. Es mussten dann zwei Veranstaltungen – am 26. und 29. September – angesetzt werden, von denen die Öffentlichkeit nicht unterrichtet wurde.[134]

Der weitergehende Gedanke, eine gemeinsame Veranstaltung für alle Gruppen zu organisieren, war damit gescheitert, konnte aber durch den Einsatz von Ernst Höfer, Oberst der DDR-Grenztruppen, einst Mitglied der Internationalen Brigaden in Spanien, zum Teil realisiert werden. Er senkte die zwei großen und achtzehn kleinen Urnen in die vorbereiteten Kammern im Fußboden. Darüber wurden dann

Großer Wachaufzug der NVA, Postkarte aus den 1970er-Jahren.

die Bronzeplatten gelegt. Die Lebensgeschichte von Ernst Höfer und seine Mitwirkung bei der Zeremonie am 6. Oktober 1969 wurden ausführlich in den Zeitungen hervorgehoben: die vierte Einweihung wurde vollzogen.

In den darauffolgenden 20 Jahren gaben Wachaufzüge, Großer Zapfenstreich sowie Kranzniederlegungen ausländischer Staatsgäste den Anschein einer vermeintlichen Normalität, Probleme der inneren Entwicklung der DDR waren an diesem Ort nicht zu spüren. Dass hier in militärischer Form auch Widerstandskämpfern und ermordeter Juden gedacht wurde, war eigentlich ein Widerspruch in sich, was aber in der DDR-Führung so nicht gesehen wurde. Festgemacht wurde dieser Widerspruch wiederholt an dem Parade- oder Stechschritt der NVA-Formationen. Allerdings gilt diese Marschierart zu Unrecht als typisch preußisch. Diesen straff betonten Schritt gibt es auch noch heute in zahlreichen Armeen der Welt, und seine Verortung als preußisches Relikt rekurrierte auf eine überholte Interpretation preußischer Geschichte.

Im Mai 1985 gab es den erneuten Vorschlag, die beiden Denkmäler von Scharnhorst und Bülow originalgetreu links und rechts des Mahnmals aufzustellen. Bis heute konnte nicht eindeutig festgestellt werden, von wem der Vorschlag kam. Begründet wurde er mit der Rekonstruktion der historischen Ansicht der Straße Unter den Linden an diesem Ort. Kurz zuvor waren bereits die Skulpturen der Schlossbrücke (damals Marx-Engel-Brücke) an ihren angestammten Platz zurückgekehrt. Diese hatten den Krieg überlebt und waren im damaligen Westberlin verwahrt worden. Die Brückenfiguren kamen 1985 durch Tausch gegen Westberliner Kunstwerke, die

Großer Wachaufzug der NVA. Die Einheit zieht am Hauptgebäude der Humboldt-Universität vorbei, Foto von Joachim Fisahn, 18. September 1985.

kriegsbedingt in Ostberlin gelagert hatten, an ihren historischen Ort zurück.

Am 20. Dezember 1985 trug der Oberbürgermeister von Ostberlin, Erhard Krack, auf der Tagung des Nationalen Erberates der DDR vor, dass der Magistrat beabsichtige, die ursprüngliche städtebauliche Situation rund um die Neue Wache wiederherzustellen. Die Kosten wurden grob auf 750000 Mark geschätzt.[135] Hintergrund dieses erneuten Vorstoßes war das veränderte Verhältnis zu Preußen in der Wissenschaft, aber vor allem in der Politik der DDR. Die Ostberliner Denkmalpflege begründete am 13. Mai 1986 die Idee der Wiederaufstellung der Generals-Skulpturen am historischen Ort: »Mit der Wiederherstellung des historischen Lindenforums erhält die Aufstellung der Generäle der Befreiungskriege an ihrem alten Standort wieder eine wichtige gestalterische Funktion. Diese Standbilder waren Bestandteil der Schinkelschen Konzeption zum Ausbau der Straße Unter den Linden als eine ›via triumphalis‹. Durch die Wiederaufstellung der marmornen Kriegergruppe auf der Marx-Engels-Brücke hat diese Konzeption Schinkels bei den gegenwärtigen Rekonstruktionsmaßnahmen im Bereich des Lindenforums wieder an Gestalt gewonnen.«[136]

Allerdings bedurfte es immer eines historischen Datums, um einen solchen Schritt zu begründen. Am 5. Februar 1988 wurde beschlossen, den 175. Jahrestag der Völkerschlacht bei Leipzig hierfür heranzuziehen. Zwar hatte dieser Jahrestag am 18. Oktober 1988 nur mittelbar etwas mit Berlin zu tun, aber man brauchte eben Jubiläen. Nun wurde das Stadtgartenamt Ostberlins beauftragt, als Bauherr die Wiederaufstellung der fünf Statuen preußischer Generäle zu leiten. Dabei sollten die drei bisher schon vorhandenen Generäle an ihrem Standort bleiben,

Wachablösung an der Neuen Wache. Der NVA-Stechschritt war deutlich gemäßigter als der der Wehrmacht, Foto von Bernd Settnik, 11. Februar 1987.

im Zentrum der nun anlaufenden Arbeiten stand die Wiederaufstellung von Scharnhorst und Bülow.

Die technischen Schwierigkeiten waren aber so schnell nicht lösbar, da unter dem historischen Standort der Denkmäler Versorgungsleitungen liefen, deren Verlegung hohen Kostenaufwand und vor allem Zeit erforderten. Nach Weisung des Magistrats waren bis zum 30. September 1990 vorbereitende Maßnahmen einzuleiten, und das Vorhaben in den Volkswirtschaftsplan 1991 aufzunehmen. Der Abschluss der Arbeiten war für den 10. Oktober 1991 terminiert.[137] Die folgenden Monate ließen ein Weltsystem und einen Staat untergehen, die beiden Generalsfiguren rückten an den Rand des Geschehens. Am 2. Oktober 1990 fand der letzte große Wachaufzug der NVA statt: Das Kapitel DDR und Neue Wache war zu Ende.

Epilog – Nach der Wiedervereinigung

Im Januar 1991 wurde das Denkmal Scharnhorsts aus konservatorischen Gründen an seinem bisherigen Standort vor dem Operncafé abgebaut, restauriert und zunächst in einem Depot eingelagert und »büßte« so sein Schicksal als preußischer General. Das war das einzig sichtbare Zeichen der neuen Zeit am historischen Ort. Im Hintergrund aber lebte die Debatte wieder auf, dass das vereinigte Deutschland ein Mahnmal für die Verbrechen des Nationalsozialismus und für die Opfer des Zweiten Weltkriegs benötige. Die im Herbst 1982 in Westdeutschland begonnene Diskussion, eine derartige Gedenkstätte in Bonn zu errichten, war bekanntlich ohne Ergebnis im Sande verlaufen.

In der komplizierten politischen Situation nach der Wiedervereinigung auch der Stadt Berlin gab es zunächst wichtigere Dinge als das Schicksal der Neue Wache und der Generalsdenkmäler. Aber die Frage eines Gedenkortes bekam in der Folge neuen Auftrieb und war nun keine rein städtische Angelegenheit mehr. In den nächsten Diskussionsrunden prallten zwei Handlungsebenen – die kommunale und die nationale – aufeinander. Am 14. Mai 1993 debattierte der Deutsche Bundestag zum Thema »Zentrale Gedenkstätte des Bundes«. Hintergrund war der Beschluss der Bundesregierung vom 27. Januar 1993, dem Jahrestag der Befreiung von Auschwitz, (aber auch des Geburtstags Wilhelms II.), »(...) die nach Entwürfen von Karl Friedrich Schinkel 1816/18 erbaute Neue Wache im Herzen unserer Hauptstadt Berlin den Opfern von Krieg und Gewaltherrschaft zu widmen. Die Bundesregierung hat ebenfalls beschlossen, dort die Skulptur ›Mutter mit totem Sohn‹ von Käthe Kollwitz aufzustellen.«

Die Begründung für diesen Beschluss trug Bundeskanzler Helmut Kohl vor. Der entscheidende

Satz hieß: »Uns verpflichten die Verantwortung vor der Geschichte, die Erinnerung an die Opfer von Krieg und Gewaltherrschaft, und auch die international zwingende Notwendigkeit eines würdigen staatlichen Symbols«.[138] Weiterhin begründete er die Wahl des Ortes, der »unstrittig« sei. Dann erläuterte er die Aufstellung des für diesen Anlass maßstäblich vergrößerten Abgusses der Kollwitz-Skulptur im Inneren der Neuen Wache: »Käthe Kollwitz nähert sich der Tragödie dieses Jahrhunderts auf dem Weg, der jedem von uns am verständlichsten ist: vom einzelnen Menschen und seinem Schicksal her.«[139] Ein löblicher Gedanke, der aber viele Tücken und Unwägbarkeiten in sich barg.

Die Folge der Bundestagsdebatte war ein lang anhaltender, teilweise sehr scharf geführter Diskurs in der Öffentlichkeit.[140] Er hatte zwei Schwerpunkte: einmal die Verwendung der Skulptur *Mutter mit totem Sohn*, und zum anderen die Wiederaufstellung der beiden Generalsdenkmäler. Besonders scharf argumentierte der Bielefelder Geschichtsordinarius Reinhart Koselleck in der *Frankfurter Allgemeinen Zeitung* vom 8. April 1993 gegen die Kollwitz-Skulptur. Er betonte: »Die Skulptur versinnlicht zwei Aussagen und Sichtweisen. Die eine ist symbolisch und steht in der Tradition der Maria mit dem toten Christus auf ihrem Schoß. Diese Tradition verheißt, aller Trauer zum Trotz, Trost, Erlösung, wie sie ikonographisch über zwei Jahrtausende hinweg immer wieder formuliert wurde. Die zweite Sichtweise ist realistisch zu nennen, wobei Käthe Kollwitz persönlich den Realgehalt einer trauernden Mutter mit ihrem Sohn auf dem Schoß (...) beim Wort genommen hat.« Und dann mit aller Schärfe: »Wird dagegen die symbolische Aussage ernst genommen, so werden die Juden ausgeschlossen, die zu Millionen umgebracht

Umbau der Neuen Wache, Foto von Barbara Esch-Marowski, August 1993.

Umbau der Neuen Wache, Situation des Innenraums, Foto von Barbara Esch-Marowski, August 1993.

wurden. Sie können sich von der christlichen Symbolsprache der Pietà so wenig angesprochen fühlen wie von der realistischen Aussage, als handele es sich bei der Erinnerung an das Massenmorden nur um eine Beziehung von Mutter und Sohn.«[141]

Etwas naiv fiel die Stellungnahme der CDU-Abgeordneten Roswitha Wisnewski dazu in der Debatte des Bundestages aus: »Käthe Kollwitz hat ihre Skulptur nicht religiös verstanden, Christen werden sich aber dennoch an die bekannten Pietà-Darstellungen erinnert fühlen, Juden vielleicht an die Makkabäerin denken, die ihre im Martyrium vor ihr gestorbenen Söhne beklagt.«[142] Koselleck äußerte sich nochmals in der *Zeit* Nr. 13/1998: »Die Pietà schließt sowohl die Juden aus wie die Frauen, die beiden größten Gruppen der unschuldig Umgebrachten und Umgekommenen des Zweiten Weltkriegs. Dies ist antijüdisch: Hinter der Trauer um den Leichnam Christi lauern jene seit dem späten Mittelalter bösartig visualisierten Juden, die den Gottessohn ermordet hätten. Und hinter der sichtbar überlebenden Mutter rufen Millionen vernichteter, ermordeter oder vergaster und verschwundener Frauen: Und wer gedenkt unser? Ein doppelter Missgriff mit Folgen, die sich aus einer deshalb auch ästhetisch zweitrangigen Lösung zwingend ergeben. Der Denkfehler gebiert ästhetische Missgestalten.«

Christian Meier, Althistoriker in München, äußerte in einem Nachruf auf den 2006 verstorbenen Koselleck den Verdacht, dass dessen Kritik von 1993 über den angeblichen Ausschluss der jüdischen Opfergruppe dann letztlich zum Holocaust-Denkmal in Berlin geführt habe. Wörtlich schrieb er: »Und es erschüttert [Koselleck], als er hören muß, daß nicht

Einweihung der Neuen Wache als Gedenkstätte für die Opfer von Krieg und Gewaltherrschaft am 14. November 1993. Im Bild rechts v.l.n.r.: Bundesverfassungsgerichts-Präsident Roman Herzog, Bundeskanzler Helmut Kohl, Bundespräsident Richard von Weizsäcker, Bundestagspräsidentin Rita Süßmuth und der Vizepräsident des Bundesrates Henning Voscherau, Foto von Barbara Esch-Marowski.

zuletzt seine Kritik zum Handel zwischen Kohl und Bubis führt, zum Grundstück für das – allein den Juden gewidmete – Holocaust-Denkmal.«[143]

Der zweite Streitpunkt betraf die Wiederaufstellung der Denkmäler für Scharnhorst und Bülow. Mit Datum vom 25. August 1993 lag dem Abgeordnetenhaus von Berlin ein Antrag der FDP-Fraktion über die Wiederaufstellung der Denkmäler vor, »(...) da [sie] wesentlicher Bestandteil des städtebaulich herausragenden Abschnitts der Straße Unter den Linden sind.«[144] In der Antwort verwies der Senat auf die Notwendigkeit der vorherigen Restaurierung. Eine Pressemitteilung des Senats vom 8. März 1994 stellte klar, dass der »Bau von Karl Friedrich Schinkel mit den ursprünglich rechts und links davon« aufgestellten Denkmälern keinesfalls den sprichwörtlichen »preußischen Militarismus« darstelle oder diesem huldige. Es folgte ein weiterer Antrag der FDP (Drucksache 12/2755) *Über die Wiederherstellung des Gedenkraums der Neuen Wache Unter den Linden*. Er forderte, »daß sich der Senat gegenüber der Bundesregierung dafür einsetzen [solle], daß im Rahmen des Umbaus der Neuen Wache Unter den Linden zum Bundesehrenmal der Gedenkraum auf der Grundlage der Planung des Architekten Heinrich Tessenow wiederhergestellt wird«.

In der deutschen Öffentlichkeit entstand nun auch darüber eine Auseinandersetzung. Am 6. Februar 1995 tagte der Ausschuss für Kulturelle Angelegenheiten des Abgeordnetenhauses von Berlin und beschäftigte sich mit der Frage, ob sich der Sprecher der Kollwitz-Erbengemeinschaft, »Prof. Kollwitz, in verbindlicher Form gegen die Aufstellung der Denkmäler gewandt« habe. Helmut Engel, oberster Denkmalpfleger Berlins, antwortete sachstandsgemäß, dass nach seiner Kenntnis bis zu diesem Zeitpunkt keine schriftliche Vereinbarung zwischen dem Bundeskanzleramt und den Kollwitzschen Erben getroffen worden sei. Es kam mit der Drucksache 12/5582 zu einer Beschlussempfehlung

Einweihung der Neuen Wache als Gedenkstätte für die Opfer von Krieg und Gewaltherrschaft am 14. November 1993. Die Ehrenposten der Bundeswehr stehen zwischen den inneren Säulenpaaren, Foto von Barbara Esch-Marowski.

des Ausschusses: »Der Senat wird aufgefordert, den Beschluß des Abgeordnetenhauses von Berlin vom 13. Januar 1994 über die Wiederaufstellung der Denkmäler im Bereich der Neuen Wache Unter den Linden (Drucksachen Nr. 12/3137 und Nr. 12/3626) nachzukommen und spätestens bis zum 31. August 1995 den vom Abgeordnetenhaus geforderten Bericht vorzulegen, der auch dem gesamten Bereich vom Denkmal Friedrichs des Großen bis zur Schloßbrücke Rechnung trägt.«

Am 1. August 1995 gab der Senat folgende Erklärung ab: »Der Senat ist (...) der Auffassung, daß es notwendig ist, das Ensemble sorgfältig zu erhalten, wiederherzustellen sowie zu konservieren und in diesem Zusammenhang auch die Denkmäler der Generäle an der Neuen Wache erneut an ihrem originalen Standort aufzustellen (...). Die Erbengemeinschaft [Kollwitz] vertritt eine entgegengesetzte Auffassung. Zwischen der Erbengemeinschaft und dem Bundeskanzleramt wurde im Oktober 1993 ein Schriftwechsel geführt, in dem sich die Erben unmissverständlich gegen das Wiederaufstellen der Standbilder der beiden Generäle gewandt haben.« Der Senat stützte sich bei seinem Votum auf eine umfangreiche Erklärung des Beirats für Baudenkmale vom 27. Februar 1995, in der es unter anderem hieß, Schinkel habe den Krieg nicht verherrlicht, vielmehr sei es ihm darum gegangen, welcher Preis für den Frieden gezahlt werden müsse. »Der zynische Missbrauch des Präzedenzfalles des Befreiungskrieges als eines patriotischen ›Volkskrieges‹ und des ›Heldentodes‹ in den nachfolgenden deutschen Eroberungskriegen 1870–1945 war zur Zeit der Denkmalaufstellung nicht abzusehen.«[145]

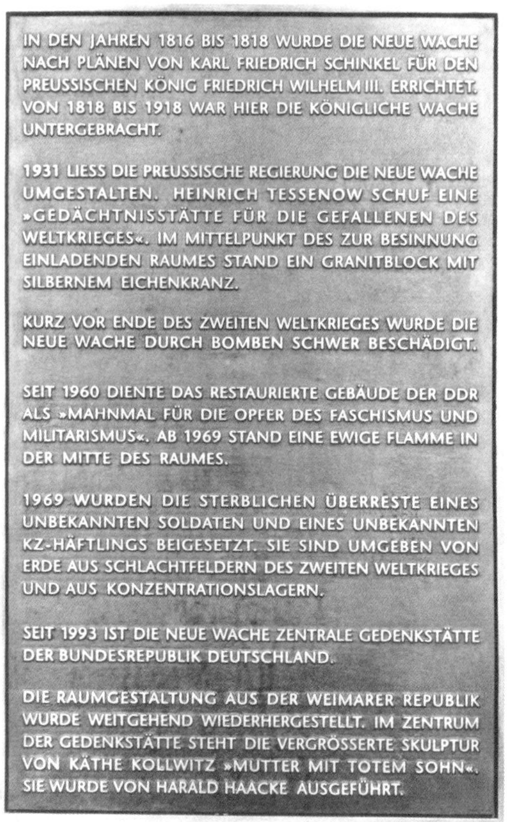

(links) **Gedenktafel an der Neuen Wache, Foto von Thomas Platow, 16. November 1993.**

(rechts) **Gedenktafel an der Neuen Wache, Foto von Thomas Platow, 16. November 1993.**

In außergewöhnlich scharfer Form, teilweise hart an der Grenze der Beleidigung, hatte der renommierte Kunsthistoriker Tilmann Buddensieg bereits am 27. November 1993 in der *Frankfurter Allgemeinen Zeitung* seinen Standpunkt dargelegt und gegen die Ablehnung der Kollwitz-Erben bezüglich der Aufstellung der Generalsdenkmäler protestiert. Er sprach vom »Trauerspiel am Trauermal«, und verwies zunächst auf die seiner Meinung nach positiven Charakterzüge der Persönlichkeiten, die in den Denkmälern dargestellt wurden. Er bewertete dann den Schritt der Kollwitz-Enkel, ihre Zustimmung zur Herstellung eines vergrößerten Abgusses der Pietà und dessen Aufstellung davon abhängig zu machen, dass keines der Generalsdenkmäler im Umfeld der Neuen Wache aufgestellt werde, mit den Worten: »Damit sind der Berliner Senat, der Bundeskanzler und der Bundesverteidigungsminister ohne öffentlichen Widerspruch von den Kollwitz-Enkeln, vermutlich auf der Grundlage eines bindenden Vertrags, erpresst worden, eines der edelsten Zeugnisse aus den Anfängen eines deutschen Verfassungsstaates nach den Freiheitskriegen zu verderben.«[146]

Unter der Überschrift *Symbole, die unvereinbar sind* nahm Arne Kollwitz, langjähriger Chefarzt einer Kölner Klinik und Vorstand der Erbengemeinschaft, in der *Frankfurter Allgemeinen Zeitung* vom 28. Februar 1995 zu diesen Vorwürfen Stellung. Er beschrieb den Ablauf der Verhandlungen zwischen der Erbengemeinschaft und der Bundesregierung bzw. dem Bundeskanzleramt und machte diese damit öffentlich. Bis zu diesem Zeitpunkt war wenig darüber bekannt geworden, und der Verdacht, hier seien nichtöffentliche Verhandlungen geführt worden, bestätigte sich. Aus dieser Stellungnahme gehen die Gründe der Enkel von Käthe Kollwitz für ihre Entscheidung gegen die Aufstellung der Generalsdenkmäler hervor. Kollwitz schrieb: »Die frühere Geschichte der Neuen Wache vor Augen, haben wir uns jedoch im Oktober 1993 vertraglich ausbedungen, daß es keine grundlegenden Abweichungen in Richtung stärkerer Betonung des Militärischen vom gegenwärtig in der Bundesrepublik durchgeführten Ablauf bei Kranzniederlegungen geben wird.« Aus seiner Sicht käme es zu einer unangemessenen Hervorhebung militärischer Symbole »zum Beispiel durch Wiederaufstellung der Generalsstandbilder«.

Allerdings unterlag auch Arne Kollwitz einem Trugschluss, als er Folgendes als unmöglich bezeichnete: »Eine Arbeit der überzeugten und leidenschaftlichen Pazifistin Käthe Kollwitz in einer Kriegergedenkstätte – und eine solche stellte die Neue Wache früher dar.« Otto Braun und die sozialdemokratischen Politiker Preußens wollten eben keine »Kriegergedenkstätte«, sondern ein Mahnmal für die Toten des Weltkrieges, einen stillen Ort des Nachdenkens und der Trauer über die Verluste, die dieser Krieg über die Menschheit gebracht hatte. Eine »Kriegergedenkstätte« machten erst die Nazis aus diesem Ort – dies zu verallgemeinern ist ein Denkfehler, der in vielen Betrachtungen auftaucht. Arne Kollwitz subsummierte die frühere Geschichte der Neuen Wache und reduzierte sie dabei auf den Missbrauch in der NS-Zeit. Festzuhalten bleibt, dass das Votum der Kollwitz-Erbengemeinschaft dafür ausschlaggebend war, dass von einer Wiederaufstellung der beiden Statuen am originalen Ort links und rechts neben der Neuen Wache bis auf Weiteres abgesehen wurde – die Statuen kamen wieder ins Depot.

Eigenartigerweise hat in der ganzen Auseinandersetzung niemand danach gefragt, wie wohl die Haltung der Künstlerin selbst gewesen wäre. Hat sich Käthe Kollwitz jemals zu einer ähnlichen Frage

Innenraum der Neuen Wache, Foto von Thomas Platow, 16. November 1993.

geäußert? Tatsächlich wurde in den Zwanzigerjahren ein Aufruf namhafter Intellektueller *Für die Erhaltung des alten Berlins* veröffentlicht. Der Aufruf ist undatiert, er stammt vermutlich aus dem Jahre 1927. Einleitend heißt es dort: »Es gilt heute als eine selbstverständliche Forderung, daß in den alten Städten nicht nur einzelne architektonisch bedeutsame Bauten, sondern ganze Straßenzüge und Platzbilder von charakteristischer Eigenart erhalten werden müssen. Denn sie bilden zusammen eine städtebauliche Einheit, deren Wert durch die Erinnerung an die Geschichte und eine blühende Kultur der Vergangenheit noch erhöht wird. Mit der Beziehung zu dem Boden, aus dem das Stadtbild herausgewachsen ist, ist ihm vollends ein so besonderes persönliches Gepräge ausgedrückt, daß jedes in seiner Art ein Originalwerk künstlerischen Schaffens darstelle, nicht anders als ein Werk der bildenden Kunst, das aus der Hand eines berühmten Meisters hervorging.«

Skulptur von Käthe Kollwitz: Mutter mit totem Sohn, in der veränderten Form für das Gedenken der Opfer von Krieg und Gewaltherrschaft, Foto von Thomas Platow, 6. November 1993.

Unterschrieben haben unter anderem Max Liebermann, Hans Mackowsky, Max Cassirer, Werner March, Franz von Mendelssohn, Alfred Döblin, Jakob Goldschmidt, Max Reinhardt, Katharina von Kardorff, Oskar von Wedekind, Georg Kolbe, Ulrich von Wilamowitz-Moellendorf und – Käthe Kollwitz. Diese klangvollen Namen, die auch heute überwiegend noch bekannt sind, stehen für einen bedeutenden Teil der Kultur der Zwanzigerjahre. Im Text des Aufrufs heißt es dann nach obigem Zitat weiter: »Wenn Berlin dem konservatorischen Gedanken bisher wenig Beachtung geschenkt hat, so ist das eine Unterlassung, die nicht genug bedauert werden kann.«[147] Diese Sätze des Aufrufs lassen sich mühelos auch auf die Denkmalfrage an der Neuen Wache anwenden, und Käthe Kollwitz hätte diesen Aufruf wohl kaum unterschrieben, wenn das nicht – zumindest 1927 – ihre kulturpolitische Meinung gewesen war.

Im Widerspruch zu den erwähnten Drucksachen des Abgeordnetenhauses und der Presseerklärung des Senats vom 8. März 1994 verwies Arne Kollwitz in seiner Stellungnahme darauf, dass »(...) wir auch von der Berliner Senatskanzlei im Juli 1993 schriftlich die Zusicherung erhalten [haben], daß der Senat nicht beabsichtigt, die beiden Standbilder neben der Neuen Wache wieder aufzustellen.« Die Fronten waren verhärtet, Verträge waren einzuhalten, und die Situation um die Neue Wache blieb in ihrem damaligen Zustand. Die beiden Meisterwerke von Rauch (Scharnhorst und Bülow) »büßten« nach ihrer Restaurierung für längere Zeit in einem Lager der Denkmalpflege in Reinickendorf, weil ihre Vorbilder den preußischen Generalsrang erhalten hatten. Am 24. August 2002 kamen sie aus dem Depot, wurden allerdings jetzt gegenüber der Neuen Wache aufgestellt. Ein Kommentar im Internet bezeichnet dies als »Haftentlassung mit Bewährungsauflagen«. Die Statuen Wartenburgs, Blüchers und Gneisenaus stehen heute weiter hinten im Prinzessinnengarten (ebenfalls gegenüber der Neuen Wache). Die friedliche Nutzung der Neuen Wache sowie das durch ihre Nutzung als Mahnmal hier ermöglichte Gedenken hätten zwingend die Wiederherstellung der historischen Ansicht mit den beiden Kunstwerken erfordert, die dort immerhin von 1822 bis 1951 standen, um das Stadtbild, so wie Schinkel es geplant und realisiert hatte, in unsere Zeit herüber zu retten.

Militärisches Gepränge hat es an diesem Ort seit 1990 nicht mehr gegeben. Kranzniederlegungen fanden und finden in zivilem Rahmen statt, allerdings auch unter Beteiligung der Bundeswehr bei Staatsbesuchen. Die Öffentlichkeit hat den Gedenkort mittlerweile ganz offensichtlich angenommen. Eine von verschiedenen sachkundigen Experten in Gesprächen geäußerte Meinung, dass die Laufzeit des Vertrags mit den Kollwitz-Erben auf zwanzig Jahre beschränkt sei, lässt hoffen, dass die von Schinkel einst geplante städtebauliche Konzeption in nicht allzu ferner Zeit wieder in ihrer Gesamtheit zu erleben sein wird, sprich, dass die Figuren wieder dort aufgestellt werden, wo Schinkel sie hinhaben wollte – neben der Neuen Wache. Dann sollte man auch dem Vorschlag des Publizisten Friedrich Dieckmann folgen, die durch Luftverschmutzung, Frost und Vandalismus gefährdeten Originale ins Museum zu bringen und sie an ihrem historischen Standort durch Kopien zu ersetzen.

Neue Wache bei Nacht, Foto von Barbara Esch-Marowski, 1999.

Danksagung

Wer kennt sie nicht, die Zahl der Besucher und Berliner, die täglich die Straße Unter den Linden und insbesondere den Bereich mit den historischen Bauten zwischen Schlossbrücke und dem Denkmal Friedrichs des Großen durchströmen? Hier findet das Auge halt und die Baulichkeiten versprühen ihr eigenes Flair. Und wer an einem sonnigen Nachmittag von der Schlossbrücke gen Westen blickt, hat den Eindruck, wie ihn einst Heinrich Heine beschrieb.

Inmitten dieses ehemaligen preußischen Staatsraums steht als kleinstes, aber zugleich beherrschendes Bauwerk die Neue Wache des genialen Architekten Karl Friedrich Schinkel. Die Entstehungs- und Nutzungsgeschichte gerade dieses Bauwerks steht im Mittelpunkt der vorliegenden Bemerkungen zur fast dreihundertjährigen Geschichte dieses Stadtraumes, die vom Festungsbau des Großen Kurfürsten bis zur Einweihung der *Zentralen Gedenkstätte der Bundesrepublik Deutschland für die Opfer von Krieg und Gewaltherrschaft* reicht. Das Kurfürstentum Brandenburg, das Königreich Preußen, das preußisch-deutsche Kaiserreich, die Weimarer Republik, die NS-Diktatur, die DDR und die Bundesrepublik haben hier ihre Spuren hinterlassen, ihn geprägt. Vieles ist verloren, untergegangen und die Spuren sind verwischt oder nur noch schwer lesbar. Das ist Gegenstand dieser Untersuchung, die im Kern die Geschicke der Neuen Wache behandelt, aber auch versucht, das politische Umfeld zu beleuchten.

Ein kleines Büchlein, 1988 erschienen, ging diesem voraus. Der damalige Umfang musste Beschränkungen ertragen, auf die Angabe von Quellen musste verzichtet werden. Dies wird im Ergebnis neuer Forschungsergebnisse auf erweiterter Basis nun nachgeholt.

Der Autor hat Dank zu sagen: zunächst den Mitarbeitern der Archive, allen voran dem Leiter der Kartenabteilung des Landesarchivs. Ein besonderer Dank gilt dem Direktor des Landesarchivs Berlin, der die Publikation als Einzelveröffentlichung des Landesarchivs übernahm. Die Stiftung Preußisches Kulturerbe übernahm es, durch einen namhaften Beitrag den Druck zu möglichen. Ebenso gilt der Dank der Wilhelm-Fraenger-Gesellschaft, die den Fortgang der Arbeiten ermöglichte.

Dank auch an den Verlag und den Lektor, die den Langmut aufbrachten, dem Autor während der von einigen gesundheitlichen Hürden begleiteten Entstehungsgeschichte dieses Werkes immer wieder Mut zur Fortsetzung zu machen.

Berlin, im Mai 2011

Laurenz Demps

Anmerkungen

1 Zitiert nach: Die Linden – Vom kurfürstlichen Reitweg zur hauptstädtischen Allee. Katalog der Ausstellung der Staatsbibliothek zu Berlin-Preußischer Kulturbesitz, Berlin 1997, S. 43.

2 Zentrales Archiv der geschlossenen Grundbücher (im Weiteren ZAG), Grundbuchbezirk Werder, Bd. 6, Bl. 397, S. 4ff.

3 Geheimes Staatsarchiv Preußischer Kulturbesitz (im Weiteren GStA PK), I. HA, Rep. 96 B, Nr. 7, Bl. 284. Merkwürdigerweise wurde der Bau der Berliner Festungsanlagen von Stadthistorikern in allen Details aufgearbeitet, während deren Demolierung – der bisherigen wissenschaftlichen Beschäftigung damit nach zu urteilen – scheinbar nur eine Fußnote darstellt, ihr Verschwinden wird allenfalls in Nebensätzen behandelt.

4 GStA PK, I. HA, Rep. 96 B, Nr. 12, Bl. 62 Rs. Christian Nikolaus von Linger war Chef der preußischen Artillerie und hatte als persönlicher Vertrauter des Königs in diesen Jahren die zusätzliche Aufgabe, Bauarbeiten in der Stadt – wie z. B. die Errichtung der Petri-Kirche – militärisch zu beaufsichtigen.

5 Ebd, II. HA, Generaldirektorium, Militärdepartement, Servisregistratur III, Nr. 19, o. Bl. Die angesprochene Zeichnung ist in der Akte enthalten.

6 Ebd. o. Bl. Ob es dabei um die Nutzung des Wassers als Brauchwasser oder um Reinigungszwecke ging, muss dahingestellt bleiben.

7 Ebd, I. HA, Rep. 96 B., Nr. 15, Bl. 238.

8 Ebd., Nr. 11, Bl. 303 Rs.

9 GStA PK, II. HA, Mil. Dep. Servisregistratur III Nr. 20, o. Bl.

10 Ebd., I. HA, Rep. 96 B., Nr. 70, Bl. 273f.

11 Ebd, II. HA, Generaldirektorium Abt. 4, Generalkassendepartement, Tit. 36, Nr. Nr. 2, o. Bl.

12 GStA PK, II. HA, Generaldirektorium Kurmark, Berlin, Abt. 14, Tit. CXV, Sect. cc, Varia Nr. 1, Bl. 3.

13 Ebd., Bl. 10.

14 Ebd., Bl. 17.

15 Anton Balthasar König: Versuch einer historischen Schilderung der Hauptveränderungen, der Religion, Sitten, Künste und Wissenschaften etc. der Residenzstadt Berlin (...), Teil 4, Bd. 1, Berlin 1796, S. 173.

16 Ausführlich hat sich mit diesem Vorgang und dem Schicksal der Säule Heinz Ladendorf: Der Bildhauer und Baumeister Andreas Schlüter, Beiträge zu seiner Biographie und zur Berliner Kunstgeschichte seiner Zeit, Berlin 1935, S. 126 in der längeren Fußnote 122 beschäftigt. Siehe auch Kurd von Schöning: Historisch-biographische Nachrichten zur Geschichte der Brandenburg-Preußischen Artillerie. Aus bisher ungenutzten Urkunden zusammengestellt, Berlin 1844.

17 GStA PK, I. HA, Rep. 96 B, Nr. 17, Bl. 472 Rs.

18 Karl Arndt: Denkmäler und Denkmalspläne Friedrich Wilhelm I., König in Preußen, in: Hartmut Krohn/Christan Theuerkauff (Hg.): Festschrift für Peter Bloch zum 11. Juni 1990, Mainz 1990, S. 212.

19 Dies ging auf den Schriftsteller, Kunstkritiker und Kunsthändler Francesco Algarotti (1712–1764) zurück, den kunstsinnigen Freund des Königs.

20 Richard Wolff: Berliner geschriebene Zeitungen, Schriften des Vereins für die Geschichte Berlins, Heft XLIV, Berlin 1912, S. 49.

21 Ebd., S. 79.

22 GStA PK, Rep. 96 B., Nr. 38, Bl. 260.

23 GStA PK, Rep. 96 B., Nr. 38, Bl. 259 Rs.

24 GStA PK, Rep. 96 B., Nr. 41, Bl. 277.

25 Ebd.

26 GStA PK, Rep. 96 B., Nr. 73, Bl. 17.

27 Julius Friedrich Knüppeln: Charakteristik von Berlin 1784, zit. nach Friedrich Gedike/Harald Scholtz: Über Berlin – Briefe »Von einem Fremden« in der Berlinischen Monatsschrift 1783–1785, Berlin 1987, S. 19.

28 Christian Otto Mylius: Corpus constitutionum Marchicarum, oder der in der Chur- und Mark Brandenburg ergangenen Edicta, Ordnungen, Mandata, Rescripta etc. etc. von Friedrich I., Churfürsten von Brandenburg bis König Friedrich Wilhelm, Berlin und Halle 1792, Bd. 36, S. 950.

29 GStA PK, Rep. 96 B., Nr. 96, Bl, 360.

30 Herrmann G. Pundt: Schinkels Berlin, München 1981, S. 129 (im Folgenden zitiert als Pundt 1981).

31 Heinrich Müller: Das Berliner Zeughaus. Vom Arsenal zum Museum, Berlin 1994, S. 54.

32 Ebd., S. 55.

33 GStA PK, I. HA, Staatskanzleramt Rep. 74, K. X, Nr. 14, Bl. 65.

34 Ebd., K X. Nr. 74, S. 67.

35 Paul Ortwin Rave: Karl Friedrich Schinkel. Lebenswerk Berlin. Dritter Teil, Bauten für Wissenschaft, Verwaltung, Heer und Denkmäler, Berlin 1962, S. 142ff.

36 GStA PK, I. HA, Rep. 151 V., Nr. 22, Bl. 85.
37 Ebd., I. HA, Rep. 74, K X, Nr. 18, Bl. 61.
38 Ebd., Rep. 151 V., Nr. 21, o. Bl., Nr. 109.
39 Ebd., Rep. 151 V, Nr. 22, o. Bl., Nr. 109.
40 Ebd., Bl. 85.
41 Ebd., I. HA, Rep. 89, Nr. 28572, Bl. 3
42 Ebd., Rep. 151 V., Nr. 23, Bl. 141; s. a. GStA PK, Rep. 93 D, Nr. 1632.
43 Ebd., I. HA, Rep. 89, Nr. 28572, Bl. 16.
44 Zu den Einzelheiten siehe Laurenz Demps: Gab es einen Plan zur Verschönerung der Straße Unter den Linden?, in: Stadtpläne von Berlin, Geschichte vermessen, FS Günther Schulz, Schriftenreihe des Landesarchivs Bd. 10, Berlin 2006, S. 91ff. (im Folgenden zitiert als Demps 2006)
45 Pundt 1981, S. 381.
46 Handbuch der Architektur, Vierter Teil, 7. Halbbd., Gebäude für Verwaltung, Rechtspflege und Gesetzgebung, Militärbauten, Stuttgart 1900, S. 206.
47 So der Katalog »Karl Friedrich Schinkel 1781–1841«, Berlin 1981, S. 76.
48 GStA PK, I. HA, Rep. 93 D, Nr. 1623, Bl. 10.
49 Ebd., I. HA, Rep. 151 V., Nr. 23, o. Bl., Nr. 147.
50 Ebd., I. HA, 93 D, Nr. 1632, Bl. 14.
51 Ebd., I. HA, Rep. 151 V., Nr. 27, o. Bl., Nr. 18.
52 Ebd., I. HA, Rep. 93 B,, Nr. 1632, Bl. 48.
53 Ebd., Bl. 44.
54 Ebd., Bl. 57.
55 Ebd., Bl. 52.
56 Ebd., Bl. 55.
57 Ebd., I. HA, Rep 93 B, Nr. 1632, o. Bl.
58 Ebd., Bl. 69
59 Ebd., I. HA, Rep. 151 V., Nr. 34, o, Bl. Nr. 160.
60 Ebd., I. HA, Rep. 89, Nr. 28572, Bl. 131.
61 Und grüß mich nicht Unter den Linden, Heine in Berlin, Märkischer Dichtergarten, Berlin 1980, S. 129.
62 Der Platz hieß ursprünglich »Gensd'armen-Markt« nach dem Kürassierregiment der Gens d'Armes, einem schweren Reiterregiment des Königs, das hier seine Stallungen hatte.
63 Zu den Einzelheiten siehe Demps 2006.
64 Zitiert nach Bogdan Krieger: Berlin im Wandel der Zeiten, Berlin 1923, S. 126 (im Folgenden zitiert als Krieger 1923).
65 Krieger 1923, S. 128.
66 Handbuch der Architektur, 7. Halbbd., 2. Heft, Stuttgart 1900, S. 209.
67 GStA PK, I. HA, Rep. 151 V., Nr. 122, o. Bl.
68 Ebd., Rep. 77, Tit. 241a, Nr. 92, Bl. 35.
69 Ebd., Rep. 77, Tit. 241a, Nr. 92, Bl. 88.
70 Bundesarchiv Berlin (im Weiteren BArch), R 43/710, Bl. 12.
71 Ebd., Bl. 131.
72 Ebd., Bl. 132.
73 Ebd., Bl. 131.
74 GStA PK, I. HA, Rep. 90, Nr. Bl. 9.
75 BArch, R 43/710, Bl. 10.
76 GStA PK, I. HA, Rep. 32, Nr. 474, Bl. 1ff.
77 BArch, R 43/710, Bl. 19.
78 Ebd., Bl. 139.
79 *Montag Morgen*, Nr. 35, 1. September 1924.
80 BArch, R 32/358, Bl. 128ff.
81 BArch, R 32/358, Bl. 124.
82 Ebd., Bl. 133.
83 Ebd., R 43 I//16, o. Bl.
84 GStA PK, I. HA, Rep. 151 IV, Nr. 2387, Bl. 13.
85 Ebd. Bl. 16.
86 BArch, R 43 I/716, Bl. 5.
87 Ebd., Bl. 9.
88 Ebd.
89 Ebd., Bl. 10.
90 Ebd., Bl. 11.
91 Ebd., Bl. 12f.
92 Ebd., Bl. 13.
93 Ebd., Bl. 15.
94 Ebd., R 32/272, Bl. 83ff.
95 Ebd., R 43 I/716, Bl. 65.
96 GStA PK, Bl. 24.
97 BArch, R 32/358, Bl, 64.
98 Die Unterlagen des Preisgerichtes sind überliefert im Bestand Reichskunstwart im BArch, Bestand R 32/474 sowie im GStA PK, Bestand Finanzministerium, I. HA, Rep. 151 IV, Nr. 2387.
99 Ebd., Bl. 79.
100 Zu den Einzelheiten des Wettbewerbs und die Auseinandersetzung siehe GStA PK, Rep. 151 V, Nr. 2387, 2388 und 2389.
101 BArch, R 43 I/712, Bl. 54.
102 Ebd., Bl. 56.
103 Ebd., Bl. 60.
104 Ebd., Bl. 63.
105 Ebd., Bl. 68.
106 Ebd., Bl. 88.
107 So die Redetexte nach der Meldung von Wolff´s Telegraphen Büro, in: BArch R 43 I/712, Bl. 117ff.
108 ZAG, Grundbuch Werder, Bd. 5, Bl. 373, S. 2.
109 GStA PK, I. HA, Rep.
110 Ebd., Bl. 309.
111 Ebd., Bl. 288.
112 Ebd., I. HA, Rep. 151 IV, Nr. 2388, Bl. 301.
113 Ebd., Bl. 302.
114 Ebd., Bl. 304.
115 Jürgen Tietz: Schinkels Neue Wache Unter den Linden, Baugeschichte 1816–1993, in: Christoph Stölzl (Hg.): Die Neue Wache Unter den Linden – Ein deutsches Denkmal im Wandel der Geschichte, Berlin 1993, S. 62. Leider ließ sich das genaue Datum der Aufhängung der Kränze bisher nicht ermitteln, 1934 bei der »Hel-

dengedenkfeier« waren sie bereits angebracht.
116 Die Neue Wache als Ehrenmal für die Gefallenen des Weltkriegs. Berlin 1936, S. 9.
117 So wörtlich in: Zeitgeschichte in Wort und Bild, bearbeitet von Reichsarchivrat i. R. G. Soldan, Bd. 3, München 1934, S. 584f.
118 Im Januar 1945 wurde das Denkmal in Tannenberg beim Rückzug der deutschen Truppen auf Befehl Hitlers teilweise gesprengt. Die Särge Hindenburgs und seiner Frau wurden vorher aus der Gruft abtransportiert und nach Marburg an der Lahn in die Elisabethkirche gebracht. Vollständig abgetragen wurde das »Ehrenmal« in den Jahren 1952/53 durch polnische Pioniertruppen.
119 ZAG Grundbuch Werder, Bd. 5, Bl. 373, S. 39f.
120 Landesdenkmalamt, Archiv, Magistratsbestand, o. Nr. u. o. Bl.
121 Ebd.
122 Ebd.
123 Ebd.
124 Gerhard Holtz-Baumert: Die pucklige Verwandtschaft – Aus Kindheit und Jugend in Berlin O 17 und Umgebung, Berlin [6]1989, S. 532ff.
125 Zu den Einzelheiten siehe Laurenz Demps: 18. März 1848. Zum Gedenken an 100 Jahre Märzrevolution in Berlin, in: Wolfgang Hardtwig (Hg.): Revolution in Deutschland und Europa 1848/49, Göttingen 1998, S. 11ff.
126 Zu dem gesamten Vorgang siehe Kurt Wernicke: Zeitgeistiger Umgang mit der »Invalidensäule«, in: Beiträge auf dem Kolloquium des Fördervereins Invalidenfriedhof e. V. anlässlich des 250. Bestehens des Invalidenfriedhofs in Berlin, Berlin 1998, S. 115.
127 Siehe Wolf Jobst Siedler: Die gemordete Stadt, Berlin 1993.
128 Vgl. Wir bleiben dran – Auskünfte zur FDJ-Geschichte Berlins 1945 bis 1985 sowie Zeittafel ausgewählter Ereignisse 1945–1987, hrsg. von der Bezirksleitung der FDJ Berlin, Abteilung Agitation und Propaganda, Berlin 1986.
129 Landesdenkmalamt, Archiv, Magistratsakten, o. Nr. u. o. Bl.
130 Ebd.
131 Ebd.
132 Landesarchiv Berlin, A Rep. 007, Nr. 328, o. Bl.
133 An diesem 6. Oktober 1969 wurde auch der Fernsehturm in Ostberlin der Öffentlichkeit übergeben.
134 Die Notariatsurkunden sind in Kopie veröffentlicht in der Schriftenreihe des Stadtarchivs Berlin, Dokumente, Beiträge, Informationen, Heft 6/1985, S. 70ff.
135 Ebd.
136 Landesdenkmalamt, Archiv, Magistratsakten, o. Nr. u. o. Bl.
137 Ebd.
138 So das Redemanuskript Helmut Kohls, S. 1.
139 Ebd.
140 Vgl. dazu Christoph Stölzl (Hg.): Die Neue Wache Unter den Linden. Ein deutsches Denkmal im Wandel der Geschichte, München/Berlin 1993, wo die wesentlichen Streitpunkte bis zu diesem Jahr aufgearbeitet werden.
141 Reinhart Kosellek: Bilderverbot, in: Stölzl 1993, S. 200.
142 Ebd., S. 222.
143 *Die Zeit*, 5. Januar 2009.
144 Abgeordnetenhaus Berlin, Drucksache 12/3137.
145 Ebd., Drucksache 12/5856.
146 *Frankfurter Allgemeine Zeitung*, 27. November 1993.
147 BArch, R 32/272, Bl. 73 f. Erstmals veröffentlicht in Laurenz Demps: Die Wilhelmstraße. Eine Topographie preußisch-deutscher Macht, Berlin 1994, S. 325f.

Literatur

ARNDT, KARL: Denkmäler und Denkmalspläne Friedrich Wilhelm I., König in Preußen, in: Hartmut Krohn/Christan Theuerkauff (Hg.): Festschrift für Peter Bloch zum 11. Juni 1990, Mainz 1990, S. 212.

BERLINER VERKEHRSVEREIN E. V. (HG.): Berlin, die Hauptstadt des Deutschen Reiches, entbietet Ihnen ihren Gruß und heißt Sie herzlich willkommen! – Reichshauptstadt Berlin, Berlin 1937.

BEZIRKSLEITUNG DER FDJ BERLIN, ABTEILUNG AGITATION UND PROPAGANDA (HG.): Wir bleiben dran – Auskünfte zur FDJ-Geschichte Berlins 1945–1985 sowie Zeittafel ausgewählter Ereignisse 1945–1987, Berlin (DDR) 1986.

CZIHAK, HANS: Das Mahnmal für die Opfer des Faschismus und Militarismus, in: Berliner Geschichte – Dokumente, Beiträge, Informationen, hrsg. vom Stadtarchiv Berlin, Heft 6, Berlin 1985, S. 70–78.

DEMPS, LAURENZ: Die Neue Wache – Entstehung und Geschichte eines Bauwerks, Berlin 1988.

DEMPS, LAURENZ: Die Wilhelmstraße. Eine Topographie preußisch-deutscher Macht, Berlin 1994.

DEMPS, LAURENZ: Gab es einen Plan zur Verschönerung der Straße Unter den Linden?, in: Stadtpläne von Berlin, Geschichte vermessen, FS Günther Schulz, Schriftenreihe des Landesarchivs Bd. 10, Berlin 2006, S. 91ff.

Die Neue Wache als Ehrenmal für die Gefallenen des Weltkriegs. Berlin 1936.

DOEBBER, ADOLPH: Heinrich Gentz, ein Berliner Baumeister um 1800, Berlin 1916.

GANDERT, KLAUS-DIETRICH: Vom Prinzenpalais zur Humboldt-Universität, Berlin 1985.

GEDIKE, FRIEDRICH/HARALD SCHOLTZ: Über Berlin – Briefe »Von einem Fremden« in der Berlinischen Monatsschrift 1783–1785, kulturpädagogische Reflexionen aus der Sicht der »Berliner Aufklärung«, Berlin 1987.

HESSE, FRANK PIETER/KLAUS VON KROSIGK (HG.): Ein Denkmal für den König, Landesdenkmalamt Berlin, Berlin 2001.

HOLTZ-BAUMERT, GERHARD: Die pucklige Verwandtschaft – Aus Kindheit und Jugend in Berlin O 17 und Umgebung, Berlin (DDR) [6]1989.

HÖPKER-ASCHOFF, HERMANN: Die Neue Wache als Gedächtnisstätte für die Gefallenen des Weltkrieges, Berlin 1931.

HÜRLIMANN, MARTIN: Berlin – Berichte und Bilder, Berlin 1934.

KÖNIG, ANTON BALTHASAR: Versuch einer historischen Schilderung der Hauptveränderungen der Religion, Sitten, Künste und Wissenschaften etc. der Residenzstadt Berlin seit den ältesten Zeiten, bis zum Jahre 1786, Teil 4, Bd. 1, Berlin 1796 (Nachdruck 1992).

KRIEGER, BOGDAN: Berlin im Wandel der Zeiten, Berlin 1923.

LADENDORF, HEINZ: Der Bildhauer und Baumeister Andreas Schlüter – Beiträge zu seiner Biographie und zur Berliner Kunstgeschichte seiner Zeit, Berlin 1935.

LÖSCHBURG, WINFRIED: Ohne Glanz und Gloria, Berlin 1978.

MÜLLER, HEINRICH: Das Berliner Zeughaus – Vom Arsenal zum Museum, Berlin 1994.

MYLIUS, CHRISTIAN OTTO: Corpus constitutiorum Marchicarum, oder der in der Chur- und Mark Brandenburg ergangenen Edicta, Ordnungen, Mandata, Rescripta etc. etc. von Friedrich I., Churfürsten von Brandenburg bis König Friedrich Wilhelm, Berlin und Halle 1792, Bd. 36.

RAVE, PAUL ORTWIN: Karl-Friedrich Schinkel, Lebenswerk, Berlin 1962.

RIEMANN, GOTTFRIED (HG.): Karl-Friedrich Schinkel 1781–1841, Katalog der Ausstellung im Alten Museum, Berlin (DDR) 1980.

SCHÖNING, KURD VON: Historisch-biographische Nachrichten zur Geschichte der Brandenburgisch-Preußischen Artillerie, Berlin 1844.

SCHULZ, HAGEN: Otto Braun, Berlin 1977.

SIEDLER, WOLF JOBST: Die gemordete Stadt, Berlin 1993.

SOLDAN, GEORGE (BEARB.): Zeitgeschichte in Wort und Bild, Bd. 3, München 1934.

STÖLZL, CHRISTOPH (HG.): Die Neue Wache Unter den Linden – Ein deutsches Denkmal im Wandel der Geschichte, Berlin 1993.

WAGNER, HEINRICH (HG.): Handbuch der Architektur, 4. Teil, 7. Bd., 2. Halbbd., Gebäude für militärische Zwecke (Bearb. Friedrich Richter), Darmstadt 1900.

WERNICKE, KURT: Zeitgeistiger Umgang mit der »Invalidensäule«, in: Beiträge auf dem Kolloquium des Fördervereins Invalidenfriedhof e. V. anlässlich des 250. Bestehens des Invalidenfriedhofs in Berlin, Berlin 1998.

WOLF, GERHARD (HG.): Und grüß mich nicht Unter den Linden – Heine in Berlin (Märkischer Dichtergarten), Berlin (DDR) 1980.

WOLFF, RICHARD: Berliner geschriebene Zeitungen, Schriften des Vereins für die Geschichte Berlins, Heft XLIV, Berlin 1912.

Quellen

Archive
Bundesarchiv Berlin
Geheimes Staatsarchiv Preußischer Kulturbesitz, Berlin
Landesarchiv Berlin

Bildnachweis

LANDESARCHIV BERLIN: Cover (untere Abb.), S. 24, 28, 47–50, 52, 57, 60 (links und Mitte), 64–68, 73, 77f., 81, 84ff., 89, 91ff., 95–100, 108–111, 113f., 116f., 121–125, 128f., 140–144, 146f., 149

AMT FÜR DENKMALPFLEGE [LANDESDENKMALAMT] (HG.), Die Bauwerke und Kunstdenkmäler von Berlin/Bezirk Kreuzberg, bearb. v. Manfred Hecker, Berlin 1979: S. 8f., 11, 14, 17

DER BÄR VON BERLIN, 1886, S. 285: S. 20

BPK / NATIONALGALERIE, SMB / JÜRGEN LIEPE: S. 55

BPK/STIFTUNG PREUSSISCHE SCHLÖSSER UND GÄRTEN BERLIN-BRANDENBURG: S. 58

BUNDESARCHIV:
Bild 183-2008-0909-501, Scherl Bilderdienst/Fotograf unbekannt: S. 106; Bild 146-1993-101-23, Fotograf: Georg Pahl: S. 119 links; Bild 183-S74760, ADN-Zentralbild/Fotograf: Heinscher: S. 119 rechts; Bild 183-72983-0002, ADN-Zentralbild/Fotograf: Erich Zühlsdorf: S. 126; Bild 183-H1006-0001-065, ADN-Zentralbild/Fotograf: Horst Sturm: S. 127; Bild 183-1987-0211-300, ADN-Zentralbild/Fotograf: Bernd Settnik: S. 137

ERNST, GERNOT/LAUR-ERNST, UTE: Die Stadt Berlin in der Druckgrafik 1570–1870, Berlin 2009, 2. Aufl. 2010, Bd. I, S. 185: S. 43.

FISAHN, JOACHIM: S. 136

GEHEIMES STAATSARCHIV PREUẞISCHER KULTURBESITZ: S. 70, 79f., 83, 107

LANDESDENKMALAMT BERLIN: S. 118

PRIVATBESITZ: S. 72, 75, 103ff., 112, 130ff., 135

STIFTUNG STADTMUSEUM BERLIN (Reproduktionen: Stiftung Stadtmuseum Berlin): S. 6, 13, 19, 23 (Foto: Michael Setzpfandt), 27, 40 (Foto: Michael Setzpfandt), 61, 69

Personenregister

Über den Autor

Prof. Dr. Laurenz Demps, geboren 1940, ist einer der profiliertesten Kenner der Berliner Stadtgeschichte; von 1988 an Professor für Berlin-Brandenburgische Territorialgeschichte an der Humboldt-Universität Berlin, lehrte er bis zu seiner Emeritierung 2005 Geschichte Berlin-Brandenburgs im 18., 19. und 20. Jahrhundert; zahlreiche Buchpublikationen, zuletzt *Das Berliner Invalidenhaus und die Entwicklung seines einstigen Geländes* (2010) und *Berlin – Wilhelmstraße. Eine Topographie preußisch-deutscher Macht* (4. Aufl., 2010).